フランスの人びと

目次

第一章　パリの卓球仲間

一

　フランスでは卓球をする人がいるのであろうか。世界選手権にも参加して、男女ともかなりの成績をあげているようだから、案外卓球は盛んなのかもしれない。大学には、日本のように卓球部というような学生サークルがあるのであろうか。一〇年以上もフランス近代史研究を続けながら、今日のフランスの事情に関する私の知識はこのようなありさまであった。留学経験の豊富なフランス文学専攻の同僚に尋ねても、フランスにはサッカーの熱狂的ファンは多いようだけれども、もともとスポーツをすることの好きな国民ではないし、パリ大学には卓球練習場なんてないと思うよ、という程度の返事しか返ってこなかった。それでも、文部省在外研究員として一年間パリに行くことになって、荷物の中に、卓球ラケットと卓球用パンツとシャツを入れておくことにした。もしあちらで卓球をすることができれば、卓球を通じてフランス人と親しくなれようし、彼らの日常生活にじかにふれることができるかもしれない。私はそのことを期待した。

　妻、娘、三人でパリに着いたのは一月（一九七八年）末であった。私にとっても初めてのフランスであった。予想はしていたものの、うっとうしい雨空の続く毎日は決して花の都というようなものではなかった。それにアパルトマン探し。こぬか雨の降る夕空の下、親子三人で街をさまようのは哀れでさえあった。それでも旬日を経て一三区のサン・マルセル通りにアパルトマンは決まったが、その後も、娘を幼稚園に入れるために区役所や保健所通いをしたり、保健所では看護婦の言うピッピー（小水のこと）というフランス語がわからなくて患者の待合室で赤恥をかいたりした。もっとショックだったのは、妻と娘が、パリ三越店の近くで、ジプシー娘五、六人に取り囲まれて財布を奪われたことであった。パリ国立図書館を出てみると、玄関の前に二人がいてそのことを聞かされて唖然とした。パリ在住の日本人に道を尋ねて国立図書館にたどり着き、夕方の寒空の下で二時間も私が出てくるのを待っていたのだという。金もなく、鍵もとられてしまってアパルトマンに帰れなかったのだという。その後も奪われた鍵でアパルトマンに侵入されはしないかという心配、雨の中の鍵屋探し、妻はこれまでの観光気分は吹き飛んでしまった。パリ生活に恐怖感を持つようになり、体質的な肩こりが高じ、それ以後帰国まで決して健康的とは言えない状態で過ごすことになった。

それでも三月になると、娘は幼稚園に通うようになった。妻は、リセの音楽教授である家主さんの紹介で、無料でフランス語と洋裁を教えてくれる家政センターに通うようになった。私も朝から図書館や古文書館へ、夕方はカトリック系のフランス語学校に通うという生活ができ、三人それぞれに生活の枠組みができあがった。それにパリには、同じくフランス史専攻で大学先輩の二宮宏之氏夫妻、井上堯裕氏夫妻というとてもパリの事情に詳しい人がおられて、こちらの生活習慣やその他いろいろ教えを得ることができたのは何よりもうれしく心強いことであった。

四月になると時たま晴れ間が見えるようになった。復活祭のヴァカンスで国立図書館は休みになるし、気持ちにも幾分余裕ができたところで、三人でルーアンとレ・ザンドリに旅行した。ルーアンは一九世紀の綿工業都市で、この都市の一九世紀社会史が私のこんどの研究テーマであった。ノルマンディは、樹木の芽がようやくほころび、春がすでにそこまで来ていた。レ・ザンドリは中世の城塞ガイヤールの一部が残っている村落。一八世紀に建てられたという宿の脇にはセーヌ川が流れ、夕食のときには、夕陽が水面を染めてセーヌに沈んだ。そして夕食での親切なもてなし。妻も元気を取り戻し、四日の旅行を終えてパリに帰った。留守中ガス会社がガスの元栓を締めるというアクシデントがあり、アパルトマンに着いて慌てたが、それも隣のクータン婦人と、彼女が呼んで来てくれた近くの金物屋の主人の親切でことなきをえた。私は卓球を思い立った。

二

二宮さんも、井上さんもフランスで長い生活経験をお持ちであるけれども、学問一筋の人だけに、パリではどうすれば卓球ができるかさすがに御存じなかった。そこで、アパルトマン探しでお世話になった国際大学センターに、岡山大学卓球部長ということで、問い合わせた。するとパリ卓球連盟の住所と電話番号を教えてよこした。さっそく電話。すぐに卓球クラブのリストを送ってくれた。パリとパリ近郊に二二のクラブがあることを知った。意外にあるものだとつい顔がほころびる。さっそく運動靴を買いに出かけた。安いのをと思って選んだのだが、アパルトマンに帰って気がつくと台湾製のものであった。

さて四月二二日の夕方卓球場を訪れた。アパルトマンから歩いてほぼ一五分。ムフタール市場からすぐ近くの路地パスカール通りにあった。道から見ると一見倉庫のようであったが、入り口の鉄の扉には卓球場とあり、なつかしやピンポンを打つ音が聞こえてきた。中に入ると、卓球場には三台の卓球台があって、一〇人ほどがやっていた。天井が低く、床が硬い土なのが気になる。しばらく見ていると、一人やってきて何か用かと尋ねる。卓球をしたいけれどもどうしたらよいかと答える。ラケットを持っているかと聞くので、ラケットや靴、シャツ、パンツ、ズボンの入った手提げ袋を見せる。そうすると、その男、仲間に何か言うと、数人集まってきて国はどこかと尋ねる。幾分誇らしげに日本人だと答える（今なら日本から来た、と答えるであろう）。今でも忘れない、それ以後の歓待ぶりを。彼らには、噂に聞く日本の卓球を見られるという好奇心が表情や態度に表れたにすぎなかったのかもしれない。しかしこれまでフランス人から無表情に応対されてきた者にとって、この日の応対は、全く歓待と言えるほどのものであった。二人の青年が手をとらんばかりに地下の着替え室に案内してくれた。私の着替えや準備体操、ラケットを好奇の目で見ながら話しかけてくる。彼らのフランス語は大半わからないのだが、古巣に戻った寛いだ気分で答える。そのとき着替え室には背の高い黒人の青年がいたのだが、二人の青年と何やらやりとりしていて、「人権差別主義者!」と低く鋭くやり返したのが聞きとれた。フランスの学校教育は人種差別主義 racisme を強く戒めているという。人種差別者 raciste と相手を呼ぶことは、相手の言動を批判し非難することになるのであろうか。岡山大学のフランス語外国人教師が、授業中フランス人はかつてすべて植民地主義者であった、と言っていたことを思い出す。一カ月ほど前に装飾芸術博物館で催された「非植民地化」と題する公開講演で、ナンテールのルネ・ジロー教授が、アルジェリア独立はフランス人の意識を根本的に変えたと話していたことを思い起こす。このような感慨に一瞬とらわれながら卓球場に上り、まったく五カ月ぶりに球を打った。一斉に目が集まるのを感じた。ペンホルダーの卓球を見るのは初めてなのであろう。しばらくしていたら体格の良い青年がやってきて相手となり、試合をした。だれも練習を止めてしまって、一球一球注目の中での試合であった。相手はペンホルダーになれないせいかミスが重なってとにかく私が勝った。その青年はヴィンデルマン君、このクラブの主将であった。その後ほかの数人とも相手をして喜ばれた。私は得意な気持ちで優越感を味わった。

こんな気分はフランスに来て勿論初めてのことであった。

卓球の後、卓球場の向かいにあるバーに五、六人で行った。薄暗くて、隅にはスマートボール台があった。目のぎょろりとした、腹の突き出て、肌の浅黒い店の主人と、同じようによく太ったそのおかみさんらしい人や娘らしい人が、カウンターの中で客の注文に応じていた。こんな所に入るのは初めてのことであった。何にするか、一緒に来た鼻ひげのある五〇年輩の紳士が聞く。他の連中は何か知らない飲み物を注文していたが、私は無難なものをとビールという。気がつくと、先ほどの黒人の青年は我々の話の中に入らないで一人で脇のスマートボールをやっていた。鼻ひげの紳士は卓球を始めてまだ半年で、お金を儲けるためにシャンパーニュの田舎からパリに出て来たのだという。勘定はこの人が全部払った。フランスでも年配者のおごりということがあるのであろうか。その後何回もバーでビールやレモネードを飲んだが、年輩のクラブの役員は私に金を払わせようとはしなかった。

この日、帰りの夜道が何と爽快であったことか。不思議に街や街の人が急に親しく思えるようになった。帰宅が遅かったものだから、不安にかられていた妻は私の帰りにぐちが出た。それに、一カ月九万円もの家賃を出しながら、夜になるとお湯が出なくなるのでシャワーで汗を流すこともできなかった。しかし、卓球場でのあの気分、そして卓球を通じてフランス人と親しくなって彼らの生活を知ることができることがわかったいま、時間と体力が許す限り、卓球を続けることに決めた。

次の週にも行った。卓球場に入ると一斉に目が集まる。一人一人と握手をし、挨拶を交わす。すでに私のことがこのクラブで噂になっていることが感ぜられた。先週ヴィンデルマン君が約束した通り、クラブの事務長と他の役員が来ていた。事務長はラアールさん。五五歳だという。私のアパルトマンは彼の家のすぐ近くにあることがわかって、我々は隣どうしだと愛想が良い。こうしてこの日このクラブへの入会が決まった。入会金と会費は、私の場合すべて免除だという。また練習はいつ来てもよいとのこと。会員は一般に練習日時が決められていた。会員は全部で一〇〇人近くもいるというからそのようにせざるをえないのであろう。私がこのように特典を与えられたのは、このクラブの代表選手になり、大会に参加することを承諾したからであった。それだけではない。それ以後、レセプションの会費、遠征旅費、すべてクラブ持ちであった。

後日、滞在帳、パスポートに写真をそえて申請し、フランス卓球連盟承認の会員証を与えられた。後でわかったことであるが、公式の大会では、試合前に対戦チームは会員証を交換してお互いの選手を確認するのが習わしであった。おもしろいことに、会員証には姓名の下に国籍を記すようになっていた。連盟の会員には外国人がかなりいることを示すものであろう。それはまたフランスには多くの外国人が生活していること、逆に言えばフランスは多くの外国人を受け入れ生活の場を与えていることを示すものであろう。フランスは決して単一人種の国ではない。パリに着いて最初に驚いたことは黒人の多いことであった。ベトナム戦争後その数が急増しつつあるということであったが、ベトナム人も多い。国立古文書館では、一〇年以上も前にフランスに移住して今ではフランスの国籍を取ったというベトナムの青年は、私が日本人であることを知って親しみをもってくれた。また私たちの行きつけのパン屋さんと洗濯屋さんはともにモロッコ出身でとても親切であった。パン屋のおかみさんは私の娘によくガムをくれた。アジア人やアフリカ人のほかに、ヨーロッパの白人も意外と多い。パリに着いて投宿したホテルでは、コックはイタリア人、女性従業員はユーゴからの出稼ぎであった。我々のアパルトマンの管理人もユーゴ出身でフランス語が下手だった。わがクラブでは主将のヴィンデルマン君はポーランド出身。医学生のヴァイスマン君もそうだという。

こうした経験から、フランスは社会の一部を外国人に提供しながら彼らのエネルギーを吸収して発展している ヨーロッパの一盟主であることを実感した。邦訳（『音楽の精神分析』音楽の友社）もあるリセの教授に、フランスは外国人に対して寛容であるように思えると言ったことがある。彼は答えに窮したのか、私のフランス語が理解できなかったのか、黙っていたが、何も皮肉を言ったわけではなかった。日本と比較して真実そう思ったのである。在仏中親しくしていただいたルーアン大学の歴史学教授ジャン・ヴィダランク氏は、現在の研究テーマはフランスにおける移民だと言ってニヤリとした。そのようなテーマがこれまで等閑にされ、最近目を向けられるようになったのはフランス知識人の意識の変化によるものであろうかと興味深く伺った。これはフランス近代史を理解するうえでも、また日本とフランスとの違いを明確にするためにも、とても重要なテーマであるはずであった。

違いと言えば、クラブのことがある。私のクラブはメトロ・スポーツ連盟に属する一つで、U.S.METROと呼ばれた。この連盟は、卓球のほかに、バスケットボール、サッカー、ハンドボールなど三五の各種スポーツクラブから成っていて、四四〇〇人の会員を抱えていた。スポーツクラブには、空手、柔道があるのに、おもしろいことに野球はない。最高機関として評議会が置かれ、選挙で選ばれる八人の評議員、並びに各種委員会代表八人によって構成される。卓球クラブの会長ジャロ氏は選出された評議員の一人で、連盟の事務長でもあり、オリンピック委員でもあった。以上のようなことはすべてこの連盟が出しているとても立派な年鑑によって書いたものである。この年鑑にも示されるように、連盟の組織運営はとてもがっちりしているという印象をうけた。そのような印象はわがクラブの組織運営についても同様であった。

会員は、職業、年齢ともに様々であった。このようなことは日本では珍しい。また運営組織、規約があった。このようなことも、日本では、大学の学生サークルを除いて珍しいことであろう。運営の実質上の責任者は事務長のラアールさん。報道関係の会社を経営していた人で、今は息子に会社を譲って隠居の身。息子と同居しているとのことで、家族制度が崩壊したといわれるフランスでこういう例は珍しい。息子はノートルダム大聖堂の聖体拝領に出席するとのこと。このことも珍しい。古いブルジョア家族が未だ残っているようだ。ラアールさんだけは、だれもムッシュウをつけて呼んだ。事務長を補佐するのが仕立屋のルコールさんと国鉄職員のベルナールさん。ルコールさんも五〇代半ばの人で、奥さんと二人暮らし。娘は結婚して今イギリスにいるとのこと。週末には必ず田舎の別荘に行くとのこと。ベルナールさんは、往年はカットマンで名選手だったようだが、今は足を悪くしてビッコをひき、たまに私のカット打ちの練習相手になってくれた。そのほか、少年少女のコーチ責任者はメナールさん。初め学校の先生かと思っていたが、メトロ（地下鉄）の職員だという。これら役員はほぼ毎日のように卓球場に姿を見せているようであった。たぶん手当などはなかろう。クラブの運営費は会費とメトロからの補助によるもの、卓球場もメトロのものだということであった。そしてこれら役員の選出や運営報告などが、年度末つまり六月末の総会で行われた。ブドウ酒が出るからと私も誘われたが出席はしなかった。私の入会のこと、来年度の代表選手にすることも報告されたらしい。

このように運営される運動クラブが五〇年もの歴史を持っていることは驚きであった。一九世紀のトックヴィル以来、フランスは個人主義の国でイギリスやアメリカと異なって、クラブの発達していない国として理解されていた。このことを最近『フランスにおけるブルジョア社会のサークル』を著して批判したのが、私に受け入れの承諾状を与えて下さったソルボンヌ大学（パリ大学）のモーリス・アギュロン教授であった。

この著書を読んだばかりであったから、こと更わが卓球クラブのことにも関心を抱き、フランスでも、人の集まる中心は、サロンやビストロ、カフェだけでなく、各種のクラブにもあったのかもしれないとも思ってみた。

三

さて総会が終わると、クラブ活動もヴァカンスに入った。だが卓球場の鍵は近くの二軒のバーに預けてあって、会員証を見せると貸してくれるので卓球場は使用できた。運輸省役人のゴダール君、プジョ自動車工場で働くブタン君、外国訛りのある仕立職人のクルト君、そのほかヴァイスマン君、ルコールさん、メナールさんなど、私に電話番号を教えて、呼んでくれればいつでも来るからと言ってくれた。私のアパルトマンには電話がないから、外で壊れていない電話器を探してかけざるをえない。運輸省に電話すると、「フランス語が話せるのですか」、と笑って同僚がゴダール君に取り次いでくれる。ヴァイスマン君は、脇に女性がいるような様子で、卓球場に行く時間を約束する。彼は空手をやっていて、ツキ、ケリ、のほかに、オマンコという日本語を披露して笑わせたことがあった。手書き史料の筆写に疲れて夕方卓球場に着き、クルト君に「疲れた」と言うと、生活がつらいのかと慰めてくれる。経済大国日本の政府からたんまり金をもらっているなんて、彼のやつれた顔を見て言えたものではない。それでも彼は八月半ば過ぎてからギリシャに旅行に出た。教養を高めるためだと言って。ハンサムなブタン君はコルシカへ。彼には何人もの日本人女性の友達がいるのだと、ベルナールさんが彼を前にして冷やかす。お手やわらかにね、と言ってやりたいところだが、そんなフランス語は出てくるはずがないからニヤニヤして答えるしかない。ラアールさんは、八月になると、田舎の別荘に行ってしまって一カ月も留守をしていた。ベルナールさんやメナールさんはヴァカンスがあったのであろうか。私は八月半ば家族で九日間イギリスを旅行した。

八月二九日、ヴァカンスが終わってクラブ活動を再開した。約束時間に遅れて六時に行く。ラアールさんの陽焼けした顔。ヴィンデルマン君は、三週間のアメリカ旅行談を大笑いしながら話す。この日、これからいよいよ新年度の選手権大会が始まるとのことで、クラブのマークの入ったシャツとパンツをもらった。パリ製とあった。ついでに言うと、我々の使用球は日本のニッタクやドイツ、あるいは中国の球。彼らのラケットは台はスウェーデン製かドイツ製、ラヴァーは日本のヤサカやバタフライ。つまり、フランスでは、ユニフォーム以外、卓球用具はすべて外国製品なのである。

四

九月初め一週間ほど家族で南フランスを旅行し、パリに帰って数日後、最初の試合に出ることになった。相手はドイツのベルリンチーム。毎年交互にベルリンとパリで交歓試合をしているのだという。試合前の挨拶で、ベルリンチーム主将のうまいフランス語に感心した。試合で私は、シングルスで一勝二敗、ダブルスで一勝した。これまでわがクラブは二連敗していたのだが、今年は君のおかげで勝ったと喜ばれた。レセプションは近くのレストランであった。出席者は全部で三〇人を超えていたが、驚いたことに、料理はすべて一人一人が自分の好みのものを注文するのであった。メナールさんは奥さんと同伴。

私の料理を彼女が選んでくれた。「君のお母さんは服装がいいね」、とやはりクラブの代表選手でメナールさんの息子に言うと、「洋裁店で働いているのだ」、とうれしそうに答える。彼らのしゃべるフランス語はよくはわからないが、ブドウ酒に酔いながら、フランス人は座談がうまいものだと感心する。とくにルコールさんは人を笑わせるオチを得意としていた。気分をよくして大いに飲んだ。おまけに二次会にもつきあった。ルコールさんの車に同乗してモンマルトルへ。だれも飲酒運転だった。野外カフェで、メナールさん、電気商を営むというドイツ人の三人でテーブルにつきビールを飲む。ドイツ人と私はお互いに下手な英語で話し、それを私がメナールさんに通訳。後で私は英語ができるということで評判をあげることになった。フランスでも今や、英語ができることはその人のメリットとして評価されるようになっているのだ。ところがその後失態をやらかしてしまった。ベルリンのお客をパリ環状高速道路の外にあるホテルまで送り、帰る途中、疲れと飲みすぎで車の中で気分を悪くし、歩道に降ろしてもらってゲーゲーあげてしまった。アパルトマンに帰ったのが朝方の四時。妻は頬を涙でぬらしてドアをあけてくれた。不安だったのであろう。翌日は二日酔いで夕方までベッドで横になっていた。

五

九月二四日のアミアンのチームとの対戦を皮切りにフランス選手権大会が始まった。我々の相手は、アミアンのほかに、ラーン、シャルルヴィル、ロンク、ブリ、ドゥエなど主として北部都市のチームであった。翌年五月までにそれぞれの地元で試合をするから結局一〇試合をして戦績が決まり、フランス全体でその年のランクづけがなされる。我々のクラブはBランクらしい。クラブは六人の代表選手を出して二チームを作る。試合は各チームでシングルスの総当たりとダブルス一つ。前期、つまり九月から一二月までの試合は、ラーンとシャルルヴィルとの試合を除いてパリの我々の卓球場で行われた。私は前期の全試合に参加したが、もっとも思い出深いのは地方で行われたこの二試合であった。

試合の一週間前には、クラブ名の入った封筒と便箋で、試合日時、対戦相手、試合場所等を記してラアールさんから呼び出し状が届くのがつねであった。一〇月二一日(土曜日)、午後一時半に指定通り行きつけのバーに集まり、車二台に四人ずつ分乗して百数十キロ離れているラーンに向かった。途中フランク時代の首都スワソンに寄り、さびれたバーでひと休み。天気は良し、楽しいドライブであった。紅葉した林、広々とした田園が続く。このクルマの中でおもしろいことを知った。国鉄職員のベルナールさんは共産党員でしかもフリーメーソン会員だと、彼と仲の良いヴィンデルマン君が教えてくれた。ベルナールさんはそれを否定しなかったから多分本当なのであろう。実は私はフランスに来て、思いがけないことに、一九世紀綿工業都市ルーアンのフリーメーソンの研究をしていた。そして機会あるごとにフリーメーソンのことを尋ねることにしていた。現在でもフランスではフリーメーソンは大きな勢力であるらしい。また新聞によれば、フリーメーソンの一つの本部であるグラン・ドリアンの代議員には、社会党員や共産党員がかなりいるらしい。そのことを家主の従弟に言うと、共産党とフリーメーソンは互いに強大な組織を持ち、競い対立しているから、フリーメーソン会員が共産党員であるようなことはないであろうと訝しげであった。ところがベルナールさんはそうなのだ。ヴィンデルマン君が、フリーメーソンは秘密結社だと言ったので、私は、そうは思わないこと、そして特に一九世紀には自由主義の一大勢力であった、とベルナールさんの横顔を見ながらフリーメーソンを弁護した。彼は黙って聞いていた。

ラーンは寒かった。体育館には暖房がきいていた。このチームはリーグで一番弱いのだと知らされていたが、たしかに我々のチームは快勝し、私も全勝してホテルに引き揚げた。ホテルはラ・バニエール（中世の軍旗を意味する）といい、古い木造で、二階の廊下はきしむほどのものであった。勿論風呂はない。シャワーも共同利用であった。だが料理はよかった。給仕の男性は、レ・ザンドリの古いホテルのときもそうであったが、正装であった。夕食は勝ったあとだけに賑やかであった。終わったときには一二時を過ぎていた。ルコールさんと相部屋でベッドに疲れた身を休めた。

翌朝、朝食前にルコールさんに誘われて散歩に出かけた。ラーンは中世に栄えた町である。町を囲む城壁が残っていて、町の中央にはパリのノートルダムより古いゴシックの大聖堂が聳えていた。私はこの町は国境に近いから、第二次大戦のとき、ドイツ軍の攻撃を受けたでしょうね、と話しかけた。ルコールさんは何かを思い出したのであろう、目に涙を浮かべるように戦時中のことを話した。彼の父と兄は共産党員で二人ともナチに逮捕され、兄は銃殺されたこと。二人はスターリンを崇拝して共産党に入ったこと。ところが今はどうだ。彼はファナティズムを非難した。カトリックについて尋ねた。「それは終わった。神、それは私自身だ」。ルコールさんは身振りを加わえ、大聖堂の脇を歩きながら、そう言った。

朝食後、中世の城門を通り抜け、霧の中をライトをつけてシャルルヴィルに走った。ここはうす暗くて寒い町であった。詩人ランボーの町でもある。昼食は駅前のセルフサービスのレストランに入った。我々のテーブルの脇には気違いの親子がいて、その二人をだれもがからかって興じたのには驚いた。この辺りはアル中が多いようだね、と言うと、若いメナール君は、ベルギーはもっと多いとフランス人を弁護した。

試合は完敗であった。相手は強かったが、それに我々は疲れていた。私の疲れを見て私はダブルスからはずされた。試合後、両チームの選手、役員はバーに入って歓談した。玉突き台があり、写真で見る古いパリのカフェーの趣があった。七時過、握手をかわし再会を期してこの町を離れた。パリまで二〇〇キロ以上もあるのに、良く整備された国道を突っ走って三時間もかからないで帰ったのには驚いた。ところで途中おもしろいことがあった。高速有料道路に入るとき、料金所に立つ男に金を渡して、ルコールさんは、「じゃまた、泥棒さん」と言ったのだ。私は耳を疑って聞き返した。「泥棒だって」、「そうだよ」、「なぜ」、「だって彼は泥棒だからさ」。多分彼ら料金受取人はよく料金を着服するのであろう、そう理解して合点した。

一二月一〇日のドゥエとの試合を最後に前期が終わった。我々はラーンに勝っただけで、戦績が悪いから、来年はランクが下るであろうと皆淋しそうであった。私は副将格で出たのだが、勝率は五割にも達せず、助っ人というわけにはいかなかった。一年前と比較して私の体力の衰えは明らかであった。病気をしなかったのが幸いで、外国生活で体力の維持なんておよそできるものではなかった。

六

年が明け、帰国準備に気ぜわしい毎日を送るようになった。一月七日に予定されているアミアンとの試合だけには参加したかった。最後だから良い試合をしたかった。

またこの町にあるフランスの代表的ゴシックの大聖堂も見たかった。それにラーンのときのように、楽しくて有益な旅行を期待した。だが残念なことに、数日前から襲ってきた寒波のために、この試合は中止になってしまった。「親しい友人へ。クラブの会長ジャロ氏が、あなたの帰国に際して、一月二三日火曜日、あなたを晩餐に招待します。クラブの選手たちも出席します。集合は、二〇時、卓球場。スポーツの友情をもって」。ラアールさんからこのような手紙をもらった。ラアールさんや、ルコールさん、ベルナールさん、ヴィンデルマン君には、日本から送ってきてもらったカレンダーを贈って、内心ではこれでお別れの挨拶を終えたものと思っていただけに、この招待状は意外でもありうれしくもあった。

その日、定刻少し前に思い出深い卓球場に行った。会長はまだであった。「彼はいつも遅れてくるのだ」、ラアールさんは批判をこめて私にこう言った。お偉いさんですからね、と言ってやりたいところだが、フランス語が出てこないから、ニヤニヤして答えるだけ。

晩餐は例のバーの奥の部屋であった。一五人程集まった。私は今日は主賓で、会長と、リセの体育教授だという美人の奥さんの間にはさまれて中央の席に座った。食事の前に、クラブの五〇周年を記念して作成された直径一五センチ程のメダルを贈られた。私は、妻がパリ三越店で買ってきてくれた博多人形を会長に贈った。料理、ブドウ酒はアルジェリアのものであった。主人はアルジェリア出身なのであろう。楽しいひと時であった。政治の話も出た。ポーランド出身の主将が社会主義を擁護したのに対して、会長は、東欧に行って彼らがどんな生活をしているか見てごらん、話はそれからにしようと反論した。奥さんもソ連の生活を批判した。ソ連は、フランスの知識階級の間で、威信も魅力も失いつつあるようだ。少し前に読んだ『赤のプロレタリア街』（ニーナ・ケアヤン、ジャン・ケアヤン著。当時フランスでベストセラーを続けていた）を思い出しながらそう思った。一〇時過ぎ夕食が終わった。全員がカウンターの前に集まったところで、市の職員のフィリップさんが、ぼくのおごりだ、と言って、シャンペンを抜いた。

ラアールさんとベルナールさんが、クルマでアパルトマンの玄関まで送ってくれた。「これまでの御厚情に感謝します」。私は心をこめて二人の手を握った。パリの生活もあと二日であった。

（『月刊教育の森』毎日新聞社、一九八〇年三月）

第二章　移民

無視されてきた問題

異文化に最初に接した時の衝撃は強烈である。ベネディクト著『菊よ刀』の日本文化論を批判したダグラス・ラミスは、日本での第一印象は、タクシー運転手も港湾労働者も警官も、誰もかれも日本人だということにびっくりしたことであった、と述べている（『内なる外国』時事通信社）。

私は、一九七八年にパリで初めての外国体験をして、ラミスとは逆に、パリには移民の多いことを知って驚いた。それは私には「発見」とさえいえるほどのことであった。到着直後の仮住まいのホテルでは、数人の女性従業員がユーゴスラビアから来ている出稼ぎで、娘の写真をとり出して見せてくれた。その後、一年間住むことになったアパルトマンでは、管理人がやはりユーゴ出身の出稼ぎ家族であったが、住居人ともめ事を起こして追い出されてしまった。

また近所のパン屋はモロッコ人、クリーニング屋はモロッコ出身の帰化フランス人であった。このパン屋は、家主から家賃の値上げを要求され、親しくなった私たちの家族に不平を訴えてどこかに行ってしまった。そしてまた街路や地下鉄の清掃人はほとんどが黒人であることを知った。

移民の多いのはパリだけではない。地中海に面した港湾都市マルセイユでは、アラビア文字が立ち並び、大きな目をぎらつかせた男たちが道端にたむろしている街に入りこんでしまい、何となく怖くなって道を引き返したことがあった。ルーアンでは、一九世紀の不潔な労働者街は、今やフランス系移民の街になってしまっていることを知った。

永年フランス近代史を研究してきて、恥ずかしいことに、フランスを実際に見るまでフランスにこれほどまでに移民が多いとは知らなかった。しかし、情報不足は私の不勉強のせいだけでもなさそうだ。今でこそフランスの新聞・雑誌は外国人労働者の諸問題を取り上げて記事にするが、ジャーナリズムがこれに注目するようになったのはさほど古いことではない。フランス現代史を専門とする下野弥生氏によれば、『週間ル・モンド』でも、一九六三年までは移民や外国人労働者に関する記事はごくまれにしか載らなかった。

大学での研究についていえば、社会学や地理学で若手研究者がようやく最近になってこの問題を研究テーマとするようになった。フランス歴史学は、研究の独自性、多様性によって世界の歴史研究者の注目をあびているほどに研究活動は活発であるが、移民や外国人労働者をテーマとした研究書は見当たらない。近現代フランス社会史の格好のテキストとして多くの学生に読まれているジョルジュ・デュプ著『フランス社会史―一七八九年～一九六〇年』（邦訳、東洋経済新報社）には、移民や外国人労働者に関する記述がない。一八世紀末以降のフランス社会の発展を理解するうえで、移民や外国人労働者の問題は無視してもよいと考えられているのであろうか。それともこの問題にはふれたくない特殊な理由があるのであろうか。

「繁栄に必要不可欠」

フランス人にこの問題の説明を求めると、ある人は「複雑でね」と言葉をにごす。日本の事情に詳しい知識人の中には、「日本にも部落や朝鮮人の問題があるのではないか」と顔をこわばらせて反問する者もいる。このような返事に、移民の問題が現代フランスにとって大変微妙で厄介なことになっていることがうかがえるのであるが、以下にまず移民労働者の歴史をたどりながらフランスと移民との関わりについて、さらに現代フランスが抱えている移民労働者の問題について述べてみることにしよう。

フランスは、それまでの比較的外国人を寛容に受け入れてきた歴史を背景にして、一九世紀末から外国人が急増するようになった。それまでは外国人居住者といえば、芸術家、牧師、職人などが圧倒的に多かったのであるが、この時期の外国人の多くは、イタリア、スペイン、ポルトガルなどの移民労働者であった。外国人の流入が「質から量に変わった」（ジョルジュ・モコ）といわれる由縁である。彼らの多くは主として農業労働者、鉱業労働者、製鉄業労働者として国境に近い地域に定着した。

政府は、その後の政策と比較するならば、移民受け入れに決して積極的であったわけではないが、一八八九年に帰化条件を緩和したことに示されるように、移民労働者を含めた外国人の受け入れをむしろ消費的ながら歓迎した。そして第一次世界大戦前には、外国人と帰化フランス人を合わせると、その数は全人口の四％近くに達するほどになった。

このような事実に、逆に外国流出人口の多いイギリス、イタリア、西ドイツなどとは異なるフランスの特色を認めることができる。これは出生率の度合いに基づくものであった。

一九世紀前半にはフランスは西欧諸国で人口最大の国であった。一八二〇年頃には、イギリス一二〇〇万人、ドイツ二四〇〇万人、イタリア一九〇〇万人に対して、フランスは人口三〇〇〇万人を数えた。しかしその後フランスは出生率が低下し、六〇年代にはドイツに、八〇年代にはイギリスに追い越され、第一次世界大戦直前にはイタリアより少しだけ多い人口規模になった。ちなみに一八九一年以降二〇年間の人口増はわずか一〇〇万人にすぎない。しかもその増加分の多くは、移民労働者の増加、並びに移民労働者の高い出生率に負っていた。

第一次世界大戦は一四〇万人の戦死者を出し、フランスの労働人口に大打撃を与えた。政府は移民政策を積極的に推進するようになり、移民労働者が激増した。移民の主要出身国は、これまでのイタリア、ベルギー、スペインなどの西欧隣国のほかに東欧のポーランドが加わった。就業人口における移民の占める割合は、一九二六年には八％に達した。とくに鉱業、セメント製造業、化学工業、建設業などの部門では、労働力の半分は移民労働者に依存した。

また農業では、一九二六年統計によれば、移民の農業人口に占める割合は三％に過ぎないが、この統計には、農繁期にイタリア、スペイン、ベルギーなどから来る季節労働者が含まれていないことを考慮するならば、農業部門における移民や外国人労働力の比重を過小評価することはできない。むしろ農業も移民や外国人労働力なくしては生産力を維持することは不可能であったろう。「移民が人口的貧血からフランスの農業を救うのに貢献した」（ジョルジュ・モコ）という説明も決して誇張ではなかった。

「外国人労働力の受け入れはフランスとフランスの繁栄にとって必要不可欠である」。移民労働者の基本文献となっている『フランスの外国人―経済における彼らの役割』（一九三二年）の著者で精神医のジョルジュ・モコは、第一次世界大戦の人種差別主義の高まりのなかでこのように述べた。

未熟練労働力を担う

以上概観したように、フランスは一九世紀末以降、西欧諸国で最大、あるいは唯一の移民労働者受け入れ国となり、その経済構造は移民労働力を不可欠とするまでに、移民労働力への依存が定着した。そして第二次世界大戦で六〇万人を失い、また依然として低い出生率を続けたフランスは、大戦後も移民労働力依存の経済構造を持続することになった。

「栄光の三〇年」（ジャン・フラティエ著『栄光の三〇年』、一九七九年刊）ともいわれる大戦後約三〇年間の経済成長は、パール前首相も、移民労働者は「フランス経済の成長に貢献した」と国会の答弁で述べているように（『ル・モンド』一九七九年六月二九日付）、移民労働力を抜きにしてありえなかったといって過言ではない。

政府は一九六五年に労働者住宅建設公団（SO-NACOTRA）、一九五八年に移民労働者社会政策基金（FAS）を設け、移民労働者の受け入れを推進した。それ以後移民労働者が急増したことは、一九五四年から一九七二年にかけて外国人居住者が一〇〇万人以上も増えたことに示されている。taudis, bidonvillesと呼ばれる掘っ立て小屋の立ち並ぶ外国人労働者の集落や、また自動車道、団地の建設現場付近に彼らを主とする野営集落が各地に見られるようになったものもこの時期である。

第二次世界大戦後の特徴は、イタリア人、ポルトガル人、スペイン人、ポーランド人などのヨーロッパ人のほかに、アルジェリア、モロッコ、チュニジアなどのアフリカの旧植民地からの移民が急増したことである。人口調査のあった一九七五年で見るならば、イタリア人、スペイン人、ポルトガル人が、それぞれ四六万人、五〇万人、七六万人に対して、アルジェリア人七一万人、モロッコ人二六万人、チュニジア人一四万人などを主とするアフリカ人は一一九万人に達している。

ただし、これは正規の手続きを経た移民の数であって、労働省の推計によれば、外国人労働者のうち不正入国者は四〇%にも及んでいるというから、アフリカの移民は一九七五年に一五〇万人を超えていたのではなかろうか。ともあれ一九二六年にはアフリカ系居住者は七万人を数えるにすぎないから、第二次世界大戦後にアフリカ移民がいかに増えたか理解できよう。

右にあげた移民供給主要国の移民居住者は多くは労働者、並びにその家族である。そしてこれら労働者がフランス経済の未熟練労働力の主要部分を提供している。

フランスの給与取得勤労者は、管理職、職工長・技術者、事務系職員、技能工、単能工、人夫などに区分され、それぞれ職能が異なり、賃金が段階づけられている。そして移民労働者、とくにアフリカの移民労働者の場合、多くは単能工、人夫である。逆にいえば、フランスの下層労働者の多くは移民労働者によって構成されているわけである。

一九七六年の統計によれば、自動車産業では人夫の五一%、単能工の四三%、建設業では人夫の五五%、単能工の四四%が移民労働者によって占められている。移民労働者の仕事は、われわれがパリでよく見かける街路や地下鉄の清掃だけでなくて、彼らは、一九五〇年代以降の経済成長期に、基幹産業の未熟練労働力を担ってきたことを見落としてはなるまい。

「移民や外国人労働者はフランス経済の支柱である」。第二次世界大戦後も人種差別意識の強いフランス国民に向けて、移民労働者の人間性に正しい認識を持つように訴えてきたジョルジュ・モコは、一九七七年に『フランスの外国人と人種差別』を著し、その中でこのように述べている。旧著の末尾で、移民政策は人口の停滞に対する一時しのぎの弥縫策でなくてはならないと労働力を移民労働者に依存する経済体制に警告を与えたのであるが、彼の危惧をよそに、人口の停滞と急速な経済発展は、大戦前の移民労働者依存体制を一層強めることになった。

石油危機後の政策転換

一九七三年のオイル・ショックに始まる経済危機、さらにその後のフランス経済の成長鈍化は移民労働者依存体制の矛盾を露呈させ、移民政策の転換を迫ることになった。

経済危機と低成長経済は、単能工や人夫などの下層労働者、とくに移民労働者に深刻な影響を与えた。労働者の統計によれば、一九七三年から一九七六年にかけて、賃金労働者に占める移民労働者の割合は、一二・四％から一〇・五％に落ちた。この時期に、フランス人労働者の失業率よりも移民労働者のそれがはるかに高かったことを示すものである。

一九七七年については、国営雇用紹介所の統計によれば、フランス人の失業率が九・四％に対して、移民の場合は二〇・七％に達した。そして失業の増大に伴って、失業保険費の増大による社会保障の財政悪化が進み、また公営アパルトマンの家賃不払い運動が拡大するようになった。後者については、労働者住宅建設公団の移民労働者簡易共同住宅の場合、一九七八年九月に、家賃不払いストライキ参加者は二万人を数え、移民労働者社会政策基金の財政危機を深めることになった。

こうして未就業移民が増え、また人種差別に根をもつ殺人事件や乱闘事件が頻発する状況を背景に、政府は、移民労働者はフランス経済にとって適正規模を超えているという判断から、移民の抑制、さらに削減に向かった。

一九七四年は移民推進政策を止めて移民抑制政策に転換した画期的な年であった。この年の五月にジスカール・デスタン大統領が誕生し、新政府は七月にＥＥＣ出身者、アジアからの亡命者を除く長期滞在労働者の移民を禁止した。さらにそれ以降、政府は移民を抑制するだけでなく、移民労働者の削減に乗り出した。

一九七七年六月には移民労働者に対する帰国奨励金制度を設け、一九七九年には、滞在許可証・労働許可証を所有しない移民労働者を送還することを目的としたボネ法案（クリスティアン・ボネ内務大臣によって作成）、並びに滞在許可証・労働許可証の交付・更新の制度の改正を目的としたストレリュ法案（リオネル・ストレリュ移民労働者問題担当労働大臣補佐によって作成）を議会に提出した。両法案は年間二〇万人ずつ移民労働者を減らしていこうとする計画にそって作成されたものであった。

このような移民労働者削減政策に対しては、人種差別に反対するＭＲＡＰ（反人種差別と人民間友好のための運動）や、アルジェリア人、モロッコ人などの移民労働協会は抗議運動を組織したが、他方また左翼政党や労働組合もこれに反対した。こうして移民労働者問題は、ジスカール時代に政治の場でも主要な争点となった。

昨年の暮れから今年の春にかけてフランスの耳目を集めたヴィトリ事件は、このような政治的対立を背景にして生じたものであった。やや旧聞に属するが、この事件はフランスの移民労働者問題を象徴的に表していると思われるので、最後に、この事件を概観して問題の所在を提示してみよう。

市長先頭に実力行使

ヴィトリはパリの南に位置するパリ近郊都市の一つである。オルリ空港への途中にあるから、近代的な共同住宅の林立するここの住宅団地の脇をタクシーで通過したことのある旅行者も多いであろう。南部近郊は、パリに近いし、また戦後工業地域ともなり、勤労者の住宅地として発展してきた地域である。一九七五年の人口調査によれば、アパルトマンの四五%は戦後に建設されたものであり、住民も多くは勤労青壮年とその家族で、五〇歳未満の住民が七四%、二〇歳代の青年だけで一九%を占めている。外国人も住民の一割弱を占め、その半数はアルジエリア人とポルトガル人である。

ヴィトリはこのようなパリ南部の代表的なパリ近郊都市である。人口は、一九五四年に五万二五〇〇人、一九六二年に六万四四〇〇人、一九六八年に七万七八〇〇人、一九七五年に八万七〇〇〇人と急増した。増加分の多くは労働者の移住人口増によるものである。外国人も一九八〇年に一四%を占めるほどに多い。また単身移民労働者用の公営簡易住宅(foyer)も二棟あって、五〇〇人ほどの入居者がいた。多くはアフリカ系移民であった。そしてここにヴィトリ事件と呼ばれたスキャンダラスな事件が起こった。

事の起こりは、昨年(一九八〇年)のクリスマスイブの日の夕方、共産党に所属する市長を先頭に市議員や市民約五〇人が住宅開発公社(ADEF)の管理する簡易共同住宅にやって来て、マリ出身の移民労働者三二〇人に立ち退きを迫るとともに、電気配線を切り、暖房器具を壊し、ブルドーザーで入り口に土を盛って人の出入りができないようにしたことに始まる。

立ち退きを命令された移民労働者は、それまでヴィトリの東に位置する同じ県内(ヴァル・ド・マルヌ県)のサン・モール市の公営簡易共同住宅で生活していたのであるが、老朽アパルトマンの改築を理由に市長から移転を要請され、ヴィトリの簡易共同住宅に数日前から移り住んでいた。ところがヴィトリ市長は、サン・モールから厄介払いされた移民労働者をヴィトリで受け入れることはできない、と実力行使に出たわけである。そしてそれ以後、この事件は、両市長の非難の応酬へと発展し、政党、労働組合を巻き込み、大統領選挙を直前に控えて、政治的対立を強めた。

ヴィトリ市長の行為を支持する共産党に対して、政府・ジスカール派の非難はいうまでもないが、社会党についていえば、ヴィトリ選出の社会党議員は、ヴィトリ市長の実力行使は移民労働者に対する攻撃であると批判する一方で、彼らは権力の人種差別政策の犠牲者であると述べ、彼らをサン・モールの共同住宅に再入居させるべきだと主張した(『ル・モンド』、一九八〇年一二月三〇日付)。

またこんど首相になったピエール・モーロア社会党中央執行委員は、ヴィトリ市長の問題の提起を正当のものと認めたが、その提起の仕方は恥ずべきものであると批判した。ジャーナリストの間でも、やり方を批判する場合でも、共産党の投げかけた問題は重要な問題であるという認識は少なくないのであるが、それでは共産党は実力行使を通じてどのような問題の提起を行ったのであろうか。

サン・モールはヴィトリと同じようにパリ近郊都市であるが、人口は、一九六二年に七万三〇〇人、一九六八年に七万七二〇〇人、一九七五年に八万八〇〇人と増加しているものの、増加率はヴィトリよりは緩慢で、労働者人口の占める割合も少ない。そして市長は、ヴィトリが共産党市長であるのに対して、サン・モール市長はジスカール派であった。そのためにヴィトリ事件をめぐる両市長の対立は、大統領選挙を直前にして、政府・ジスカール派と共産党との政治的対立でもあった。そしてまたそこに両者の移民労働者対策の違いを見ることができる。

共産党にはマイナスに

「自治体は、どのような政治党派に属していようとも、一般に外国人嫌いで、人種差別が強い」。ジョルジュ・モコはこのように指摘している。パリの郊外都市は、「赤いベルト地帯」と称されるほどに共産党の首長が多いのであるが、これら共産党首長も移民労働者を歓迎しているわけではない。移民労働者の増加は、市財政の悪化、学校教育の水準低下、治安の悪化などさまざまな悪影響を及ぼしているという認識がその理由である。

一九世紀末のドレフェス事件に示されるように、フランスの左翼には反人種差別主義の伝統があり、また一般にこれまで左翼は反人種差別主義勢力と見なされてきたのであるが、移民労働者問題については、左翼政党、とくに共産党の場合、選挙権のない移民労働者の主張よりも、有権者住民の利害を重んじる傾向が強い。

「赤いベルト地帯」の共産党首長は、一九七九年以降、HLM（低家賃住宅）への移民家族の入居禁止、移民労働者の即時入国禁止などを求めてきた。このような提唱は大多数のフランス人の意向を反映したものであり、また政府の方針と対立するものではない。しかし、ジスカール政権と共産党の間には次のような相違点があった。

一つは、共産党がかねがね移民労働者を各自治体がそれなりの負担をもって均等に引き受けるべきだと主張していることである。いわゆる移民労働者の均等配分の主張である。一般に共産党首長の自治体には、公営簡易共同住宅も多く、移民労働者も多い。ヴィトリ事件でも、市財政も豊かで、移民労働者の少ないサン・モールから追われていた移民労働者を、市財政も乏しく、多くの移民労働者を抱えているヴィトリが受け入れることはできない、というのがヴィトリ市長の言い分であり、これはこれまでの移民労働者の均等配分という主張に基づくものであったのである。

もう一つの違いは、移民政策の実施方法に関するものである。移民労働者の削減を目指すボネ法案でも、ストレリュ法案でも、執行の責任が県の行政機関に与えられ、立法機関がそれに加わらないために、反対勢力はこの法案が「専断の源」になると非難した。また、共産党は、ヴィトリ事件のさなかに、移民労働者均等配分のための実施策を発表した（『ル・モンド』一九八一年一月七日付）。

それは、住宅の地域配分、並びに入居者への住宅の割り振りについては、県議会と市町村に決定権を与えていること、その他、SONACOTRA、ADEFの住宅計画は県議会との協議、その同意を必要とすること、またHLM（低家賃住宅）については、パリ地域の七県の共同事務所は県議会によって管理されることなど、総じて移民労働者の住宅政策の権限を地方議会と市町村に委譲することを基本とするものであった。

ところでヴィトリ事件は五月の大統領選挙にどのような影響を与えたのであろうか。結論を言えば、この事件は、共産党の期待とは逆に、共産党に不利に作用したようである。林瑞枝氏の報告（「南北の谷間―移民労働者」『世界』一九八一年七月号）によれば、ヴィトリでは、一九七八年の総選挙と比較して、共産党の得票率は一二％も落ちこんだという。また全国的にみても、この事件が共産党後退の度合いを強めた一つの要因になっていると見られているという。

　心理学者で社会運動家のF・ガタリが、「共産党は移民労働者の問題で大きな失敗をした」と述べている（「座談会　ミッテランのフランスとニッポン」『第三文明』一九八一年八月号）ように、ヴィトリ事件は、これまでの共産党支持者の間に、共産党への不信感を強め、離反者を出したようである。

試されるミッテラン

　以上見てきたように、現在、移民労働者の問題は各政党にとってきわめて重要な政策課題となってきた。その政策は選挙の結果にも影響しかねない。しかもこのところ、海峡の向こうのイギリスでは、人種間題を根にもつ暴動が頻発し、社会秩序の混乱が全国的に広がり、政権がその責任を問われるほどに社会的危機の様相を深めている。このような状況は、フランスにとって決して対岸の火として傍観できることではあるまい。

　ストレリュ法の作成者のリオネル・ストレリュは、彼の著書『富める国の貧困』（邦訳、サイマル出版会）の中で、貧困を「社会から排除された状態」と定義し、「貧困はすべての狂いの元凶」と述べて、貧困克服のための社会政策を提言した。しかし奇妙なことに、彼の貧困論には移民労働者のことが欠落している。現在フランスでは、移民労働者の多くは「社会から排除された状態」にあるのではなかろうか。そしてフランス経済は、移民の労働力を不可欠とする以上、移民労働者はフランスにとって同居人であり、彼らの貧困は「すべての狂いの元凶」となりはしないか。

　イギリスの現在の状況がそのことを示唆している。フランスでも、イギリスと同じように、移民労働者の失業率は高い。SONACOTRA管理下の各地の移民労働者簡易共同住宅では、家賃不払いストライキが続いており、対策を誤れば、人種問題が暴発し、混乱が拡大することであろう。

　ミッテラン政権はこのような不安定な状況のなかでどのような移民労働者政策を実施するのであろうか。移民労働者の問題が、政治、経済、社会秩序に密接なかかわりをもつ以上、ミッテラン政権の今後の移民労働者政策は、社会主義政権の統治能力を試す一つの試金石となっているといえよう。

（『週刊エコノミスト』毎日新聞社、一九八一年九月）

第三章　ロマ（ジプシー）

フランスの「ジプシー」　一四一九年―一九一二年

はじめに

　歴史の世紀と言われる一九世紀のフランス歴史学の特色として、政治史中心のアカデミズム史学、いわゆる「教授の歴史学」が確立したことを指摘してよかろう。社会史を志向する歴史家が現れるようになったのは一九〇〇年前後のことであり、それ以後、とくに第二次世界大戦にはフランス歴史学の主流をなすほどに社会史が盛んになった。

　これら社会史の研究成果に基づいて書かれ、歴史教科書として多くの学生に読まれてきた歴史書にジョルジュ・デュプ著『フランス社会史―一七八九～一九六〇―一九六四年刊』がある。注目すべきことに、この歴史書には、一九世紀後半以降増しつつあった移民や「ジプシー」（以後ロマと呼ぶ）に関する記述は見られない。それは一九六〇年代までアカデミズム史学が社会的周縁者marginauxや少数者集団をほとんど研究の対象にしなかったことを象徴的に表すものとして理解してよかろう。

　社会学者のイヴ・バレルによると、社会的周縁性marginalistéという用語が一般的になり、そのことが切実な社会問題として論じられるようになったのは、一九七〇年代初めのことであった。歴史学の方では、例えば『近現代史雑誌』は一九七四年に社会的周縁性を主題に特集を行っている。一九七〇年代には、社会的周縁者としての貧困問題が歴史研究の主要主題の一つとなるほどであった。だがこの時期においても、私の知る限り、アカデミズム史学、つまり「教授の歴史学」はロマの歴史にほとんど関心を示すことはなかった。

ただし、これまでフランスでロマの歴史研究が全然行われてこなかったわけではない。一九世紀半ばにはポール・バタイヤールの業績があり、二〇世紀に入るとJ・マトレの研究成果がある。そしてこれら先学の仕事を継承、発展させたのが、フランソワ・ド・ヴォ・ド・フォルティエであった。「私は秀れた先学の業績を出発の基礎とした。一つは、一〇〇年ほど前のことになるが、この研究の真の先駆者である古文書学校卒業生ポール・バタイヤールの業績。もう一つは、マトレの業績である」。かれもバタイヤールと同様に古文書学校卒業生であり、古文書官であった。これまでロマ史研究は、「教授の歴史学」とは別の場で行われていたのであった。

本稿は多くをヴォ・ド・フォルティエの仕事に負う。かれが提供している歴史事実に主として依拠しながら、わが国で収集した若干の資料でもってそれを補い、ロマの生活様式、ロマと住民社会との関係、当局のロマ対策などに注目し、それらの問題について歴史的考察を行った一つの試論である。

1　ロマの登場

かれらは有史以来フランスにやって来た者たちのなかでもっともみすぼらしい連中であった。ところがこのあわれな一同のなかに、人の手相を見、相手の過去や未来を告げる女占い師がいた。――『パリのブルジョアの日記』（一四二七年）。

一

「一四世紀、一五世紀には、街道の往来は非常に活気があった。行商人や小間物商人たちは村から村へ商品を持ち歩いていた。多くの巡礼地、とくにサン・ジャックを訪れる巡礼たちは喜捨を受けて生活していた。托鉢修道士、あらゆる説教修道士たちが都市から都市へと移り歩き、教会の前で情熱的に説教をしていた。神学生たちは修道院から修道院へと渡り歩いて情報をもたらし、大学生たちは大学へ戻って行った。それに往来には曲芸師、物語師、動物商人たちがいたし、休暇中の兵士たち、軍隊に戻る兵士たちが、多数の乞食たちに交じって、街道にあふれていた」。クリスティアン・ポールトルは『アンシアン・レジーム時代のフランスにおける放浪と乞食の禁止』をこのように書きおこしている。

この時代には街道はなお多くの「路上の人」にとって生活の場であった。そして乞食や放浪は犯罪行為ではなかった。ロマが「路上の人」に加わり、放浪者としてフランスに最初に姿を現したのは、中世末期のこのような時代であった。

「結局、現在のところ、西欧はわれわれがボヘミアンの出現を一四一七年以降とはっきりと認識することができた地域である」。ロマ学者ポール・バタイヤールが、長年の研究の結果このように結論づけたのは一八四九年のことであるが、これは現在でも通説として認めてよかろう。おそらくオスマントルコの侵略、ビザンツ帝国の混乱を逃れるために、ハンガリーを出て、ハンザ同盟都市、更にスイスへと移動し続けた一〇〇〇人ほどの一団が西欧に現れた第一陣であった。

同じくバタイヤールによると、一四三八年にかなり大勢のロマ集団がオーストリアを離れて西に移動し、これ以後西欧諸国にロマが増えるようになった。「ボヘミア民族が、絶え間ない流出によって、西欧の諸地域に少しずつ広がり始めたのはようやく一四三八年以後のことである」。フランスの場合を検討してみよう。

一四一九年八月サラセン人と呼ばれた一二〇人ほどの集団が、ドイツ皇帝とサヴォイア公の書状を持って、リヨンの北方に位置する小さな町、現在のシャティヨン・シュルーシャラロンヌに現れた。第一陣の一部であったろう。これが史料で知ることのできるフランス最初のロマである。この町は一団を迎え入れ、かれらが町を出る際には銀子を与えた。一団は数日後にブルゴーニュ地方のマコンに現れ、その粗野で貧しい身なりが市民を驚ろかせた。団長は「小エジプト公」と自称した。市は市門を開いて迎え入れ、パンとブドウ酒を与えた。マコンはその後もロマの滞在を許したのであろう。エジプト大通り、エジプト中通りと呼ばれる通りが一七世紀にあった。

この一団のその後の行方は詳らかではないが、この年の九月、一〇月にプロヴァンス地方を流浪するロマ集団に関する記述が残っている。システロンの市参事会記録簿によれば、市は他の都市にならって、パンや肉、ブドウ酒を与えたが、市門を閉ざして入市を禁じた。かれらは市壁の外で「兵士たちのように」野営し二日間滞在して立ち去った。

　その後ロマの流浪団がフランスの各地に姿を現すようになったことを史料は伝えている。

　一四二一年一〇月アルトワ地方の商都アラスに、「小エジプト伯」と称する団長に率いられた三〇人ほどの一団が現れた。やはりドイツ皇帝の書状を携えていた。助役記録簿は、「驚嘆、エジプト国から外国人の到来」と記すとともに、市民たちの驚きぶりを伝えている。一団の体つき、身なり、振る舞いなどすべて奇異なものであった。男たちは、皮膚の色が黒く、頭髪は黒く長く、また顔が隠れるほどにあごひげをたくわえていた。女たちは、ターバンのように頭に布を巻き、毛布を肩に提げてそこに子供を入れていた。女や子供がつけている耳輪も市民たちにとって初めてのものであった。かれらは入門を許され、施与を受けて、三泊して立ち去った。滞在の間、女たちが人の手を取り「何か非常に奇妙なことを言って」金を受け取っているのが見受けられた。

　同じころトゥルネ（フランドル地方の都市。現在ベルギー領）にもサラセン人によって土地を追われてやって来たという「エジプト人」の「キリスト教徒」の一団が現れた。市はかれらを迎え入れ、パンとビールのほかに銀子を与えた。翌年の春に再度現れたとき、かれらの知己を得た年代記作者がいて、将来の吉凶を占う女たちのこと、馬の売買を主たる仕事としている男たちのことを伝えている。トゥルネには一四三〇年春にも、「小エジプト大伯」と称する団長に率いられた約六〇人の一団が姿を見せている。市当局は、この訪問者を五日間歓迎すること、かれらに危害を加える者は処罰するむねの公示を出すとともに、麦、鰊、ブドウ酒、ビール、薪などを与えて歓迎した。だが、おそらくこれが最後の歓迎となった。先の告示から察せられるように、住民のロマに対する悪感情を反映してか、二年後にかれらが現れたとき、市は城門を閉じてかれらの要求を拒絶した。

　一四二七年八月ロマが初めてパリに現れた。最初に一二人の先発隊がやって来た。「一二人の巡礼者、全員馬」と、『パリのブルジョアの日記』は記している。日記の著者はかれらから聞いたのであろうか、かれらは征服者のサラセン人によって土地を追われ、ローマに巡礼に行って来たのだということも記している。一〇日ほど後には約一〇〇人の仲間がやって来た。しかし市はかれらに門を閉ざして入城を許さなかったので、裁判所の許可を得て城外区で宿泊した。日記の著者によると、男たちは皮膚の色はくすんでいて、髪は黒く、身なりは貧しかった。女たちは、髪は黒く、肩から×型に毛布を巻き、耳飾りをしていた。訪問者の手をとってその人の過去を語り未来を告げる女もいた。

一四四七年一二月約一二〇人の「サラセン人」がオルレアンにやって来た。かれらが言うには、教皇の申しつけによって巡礼をしているのだという。市は入門を許し、市庁舎に迎え入れて喜捨し、銀子も与えた。

二

以上のごとく、ロマは一五世紀前半にフランス各地を遊動していたことを知ることができよう。ポール・バタイヤールによると、一五世紀末から一六世紀初めにかけてかれらは西欧各地で定着するようになった。おそらくフランスに定着したロマも少なくなかったろう。ただし東欧から移動して来るロマにしても、フランスに定着するようになったロマにしても、住民社会にとって放浪者であることに変わりない。それではかれらはどのような特色を持つ放浪者であったろうか。

（イ）これまでの事例に示されるように、ロマは集団で遊動した。それは老人、壮年、青年の男女、子供、幼児から成る同族的集団で、その数は少なくて数十人、多い場合には一〇〇人を超えた。そして「小エジプト公」とか「小エジプト伯」と称する団長がこの放浪団を統率していた。一六世紀以降には、「ボヘミアン公」とか「エジプト中隊長」と自称する場合が多い。なおこの集団は、一般に男たちは自衛の武器を持つ武装集団であったことをつけ加わえておこう。

（ロ）ヴォ・ド・フォルティエによれば、かれらが巡礼者であると告げるのは、宿泊、食糧、喜捨を得るための方便にすぎなかったが、ともあれかれらは巡礼者として現れた。多くの都市がかれらを迎え入れたのは、一つにかれらが携えていた皇帝や大諸侯の書状を信用したということのほかに、かれらが巡礼者であることを尊重したからであろう。

（ハ）かれらは仕事を持つ放浪者であった。これまでの事例に示されるように、女が手相占いすることが特別に観察者の関心をひいた。その後もおそらく住民とロマとの接触は占いによることが多かったことであろう。手相占いはかれらの主要な生業と見なされていた。『百科全書』（第五巻、一七七八年刊）は、「ボエミアン」を手相占いをする放浪者と説明している。モリエールの古典喜劇『ゴリ押し結婚』（一六六四年初演）には、主人公が結婚すべきかどうか悩んだすえ、占いをしてもらう場面がある。

スガナレル　おいおい、おまえたち、ひとつわしの運勢を占ってもらえないか？
ジプシー女１　いいともさ、だんなさん、あたしたち二人で占ってあげよう。
ジプシー女２　十字のついたお金を手のひらにひとつのせてお出し。なにか景気のいいことを言ってあげるわ。
スガナレル　そら、めいめいに望みのものをくれてやるぞ。
ジプシー女１　いい人相をしておいでだよ、だんなさん、いい人相を。
ジプシー女２　そうだよ、いい人相。そのうちなにかになる男の人相。
ジプシー女１　もうすぐ結婚するね、だんなさん、もうすぐ結婚。
（鈴木力衛訳）

女の治療師もいた。一四六五年トロワにやって来た「サラセン女」を理髪師の妻が訪れると、その女は患者の胸に火をともしたろうそくを置き、草か木の根を与えて治療を施した。媚薬・薬草売りもかれらの収入源であった。男の場合、馬喰が多い。ロマの生活を主題にして一六世紀初めに制作されたいわゆる『トゥルネのタピスリ』に馬の歯を診察している男を認めることができるように、獣医の仕事もした。そのほか鍋や釜を修理する鋳掛屋も多い。

2　絶対王政と排除政策

手相占いを職業とする放浪者のことを言う。かれらの才能は歌うこと、踊ること、そして盗みをすることである。――『百科全書』第五巻、一七七八年。

一

前章で見たごとく、新たな放浪者として登場したロマに対して都市の対応はさまざまであった。迎え入れた都市もあり、入市を拒否した都市もあった。門を閉じながらも、喜捨をする都市もあった。そして注目すべきことに、トゥルネの例に示されるように、都市はしだいにロマを嫌うようになった。一六世紀になると、とくに都市のロマ排除の傾向は歴然とする。大多数の住民にとって好まれざる集団となった。なぜであろうか。ロマに対する対応を具体的に見てみよう。

ロマが嫌悪されるようになった第一の理由として、かれらは盗みをすること、あるいはそのような伝聞が広まったことを指摘できよう。

窃盗は暴力行為とともに主要な犯罪行為であったが、窃盗のほうがむしろ恐れられ、盗人は社会的に厳しい指弾を受けた。「恐怖、憎悪、侮辱を生じさせるのは逆に盗みの場合であった。事実、盗人への恐怖は中世における恐怖のうちで最大の恐怖の一つであった」。以下に見る事例はそのような憎悪や恐怖を示すものであろう。

（イ）ラ・シェップの場合。一四五三年一一月六〇～八〇人ほどの「エジプト人、あるいはサラセン人」が現れた。槍を持った戦闘服の者もいた。この小さな町は市壁がないから、市門を閉じて抑止することができない、代官が、このよそ者たちに向かって、過日仲間がやって来て食物や銀子などを盗み、住民は良い感情を持っていないので、立ち去るようにと説得した。住民は石突棒、槍、弓をもって立ち向かった。衝突が起こり、「エジプト人」の一人は住民に石突棒で冑を突かれて死亡した。下手人は王国の外に逃れたが、正当防衛の主張が認められ国王から赦免状を得た。

（ロ）アンジェの場合。一四九八年三月大勢の「エジプト人」が城外区に現れた。市の助役は市門を閉じて入城を阻み、さらに城外区からの立ち退きを命じた。ところがアンジェ伯直属代理裁判官は入城並びに城外区での野営を許可した。助役はかれらの危険性を訴えて代理裁判官に抗議した。「奴らはまったくずるくて、下劣で、嘘つきで、ペテン師で、そして盗みだけで生活しているのです」。助役はおそらく代理裁判官の許可に服したであろうが、助役の抗議は住民の感情を反映した市当局の意志を示すものであったろう。

（ハ）ブルジェの場合。一五四六年のことである。六～七人の「エジプト人」が窃盗罪で逮捕された。かれらは頭を丸刈りにされ、市の広場で鞭打刑に処せられた。この処罰は見せしめを意図したものであろう。「エジプト人」たちはその後長い間このベリー地方の首都に姿を見せることはなかった。

第二の理由として、教会や修道会がロマの罪を咎めるようになったことを指摘できよう。

既述のごとく、かれらは巡礼者として登場した。その後も、教区記録簿に示されるように、洗礼を行い、ミサに出席し、結婚式を教会であげるロマは少なくなかった。多くの教区司祭から「立派なキリスト教徒」と見なされていた。しかし呪術や手相占いはキリスト教戒律に背く罪であった。前述のトロワの理髪師の妻が教区裁判によって罰されたのはそのためである。一五〇九年七月ルアンに現れた「エジプト人」の占い師を訪れた礼拝堂付司祭は聖堂参事会に呼び出された。司祭は、占い師の予言は容れなかったと釈明しながらも、教会法を無視したこと、司祭と信者たちの魂を危険にさらしたことは容認せざるをえなかった。

一六世紀後半以降、宗教改革運動、宗教戦争に示されるように、セクトの対立、争いによって刺激されながら、キリスト教精神が昂揚している時代において、ロマに対してキリスト教側からの指弾が強まったであろうことは容易に想像できよう。事実、「ボエミアン」を大詐欺師、下劣な破廉恥漢と、教区の住民に向かって、激しく非難したセレスチン修道会修道士もいた。「かれらには予言するための学問は全然ないのである」。一六一八年サン・マロ司教区は、「ボエミアンと呼ばれる者たちのような」すべての魔法使い、占い師、呪術師の罪を咎めた。

ところでロマに対するこのような非難が強まったのはまさしく魔女狩りが猛威をふるった時期であった。かれらのなかにも当然多くの犠牲者が出たものと想像できよう。事実として認める人もいる。「ボエミアンは魔術訴訟担当の裁判官にとって最高の常連であったことは疑いない」。フェリックス・シャリエは学位論文のなかでこのように述べている。だがこのような想像は史料によって検証されているわけではない。ヴォ・ド・フォルティエはこの問題について明言を避けているようであるが、前述のセレスナン修道会修道士について述べた次のような文章に、このような想像の誤まりを指摘しているものと理解してよかろう。「この熱烈な修道士は何ら暴力的措置を要求していない。キリスト教徒共同体からかれらを引き離すことで満足していた」。

おそらくロマが魔女狩りの犠牲になることはほとんどなかったであろう。ただし、教会、修道会は、かれらが戒律に背く罪人であることを説くことによって、ロマに対する住民の差別意識を強める役割を果したことは認めねばなるまい。

第三の理由として、王政の発展に伴って、司法機関が放浪を処罰の対象とするに至ったこと、とりわけロマについては、かれらが放浪者集団であるというにとどまらず、かれらに対する住民の恐怖感、差別意識を背景にして、一六世紀中葉以降かれらを排除の対象とするに至ったことを指摘できよう。ロマは、以下の諸法令に示されるごとく、法的に犯罪者として社会から排除されるべき被差別集団とされた。

「ボエミアン、あるいはエジプト人と呼ばれる者、その妻、子供、その他の随行者は二カ月以内にわれわれの王国、並びにわれわれの従属地から出て行くこと。これに従わない者は漕役刑、並びに体罰刑に処すこと」。一五六一年九月、三部会の陳情に基づいて、このような王令が制定された。ロマの排除を定めた最初の法令である。弁護士ジョアシャン・デュ・シャラールはこの法令について次のように注釈を加えた。「無知で粗野なこのような恐ろしい者どもを追い出すことは正に必要なことであった」。また当時絶対王制理論家として知られたジャン・ボダンもまた、ピレネーやアルプスなどの山地からおりて来て蜜蜂の蜜を食べるうるさいはえのような放浪者に対してこのような排除措置がとられたことを歓迎した。

一五九八年六月レンヌの高等法院は、「すべてのボエミアン、あるいはエジプト人、その妻、子供」に対して、市内、城外区から退去すること、ブルターニュ地方の滞在を禁ずることを布告するとともに、レンヌの代官にこの布令がすみやかに実施されるよう命じた。

一六一三年七月トゥルーズの高等法院は、「すべてのエジプト人とボエミアン」は二週間以内に裁判管轄区域から立ち去ること、また貴族、領主がかれらを保護したり迎え入れたりすることを禁ずるむねの布令を発した。ただしこの布令は効果的に実施されなかったのか、同法院は一六四〇年に「ボエミアン」が領主や貴族の好意を受けながら放浪している事実を指摘して、領主、貴族がかれらを保護したり迎え入れることを再度禁ずるとともに、違反者は貴族称号を剥奪するものと脅した。

一六二一年一〇月オルレアンのバイイ下級裁判所は、「エジプト人」数人の団長、その他の随行者を処罰するとともに、更に「エジプト人」がその管轄区域に入って来ること、住民がかれらを匿ったり、かれらに食物を与えること、領主、貴族がかれらを館に泊めることなどを禁じた。

一六二一年一二月パリの高等法院は、「いかなるボエミアン、あるいはエジプト人であれ」、寄り集まること、農村を排回すること、王国のすべての都市、町、村、小集落に宿営することなどを禁ずるとともに、違反者は即刻逮捕するよう裁判官と公安長官に命じた。

二

以上のごとく、一六世紀中葉以降ロマは司法機関の監視体制のもとにおかれるようになった。多くはその監視を逃れて放浪を続けたように思えるが、時に逮捕され、処罰された。一例を見てみよう。

一六一〇年シャルル・ドドは、かれの率いる一行が、パリからシャルトルに至る旅程において、馬、服地、その他の盗みをしたとしてシャルトルの商人に訴えられた。実際の犯人は三人組の「エジプト人ではないフランス人」であることが判明したにもかかわらず、ドドは逮捕され、盗品あるいはそれに見合う金額、並びに訴訟費用を訴訟人に渡すよう命ぜられ、それに服したのち王国から追放された。一六一九年八月特許状を得て帰国を許されたが、その数カ月後には、王令、並びに高等法院布令に基づいて、ブロワの治安当局によって妻や甥たちとともに逮捕され、ドドは三年間の漕役刑、妻は永久追放に処せられた。しかしドドはこの判決を不服とし、パリ高等法院に訴えて弁償を得た。その後ドドの一行は、国王の許可状を携えてプロヴァンス地方を放浪した。いくつかの町では、宿営しないという条件で施与を受けることもあった。他方ラングドック地方では、許可状があるにもかかわらず、トゥルーズ高等法院によって管轄区からの退去を命ぜられ、公安騎馬隊、バイイ下級裁判所、代官所など治安当局によってたえず監視され付け回された。

一六二五年一〇月モンモリヨン（現在のヴィエンヌ県の都市）代官所の管轄区で代官の警邏隊とロマの放浪団の間で乱闘事件が起こった。代官が死亡し、警吏一人が負傷した。下手人は「ボエミアン」ということだけで、ドドが殺人罪で告発された。一六二八年三月に逮捕され、絞首刑の判決を受けた。実際には多額の罰金を支払って王国から追放され命だけは長らえた。

このドドの場合でもそうであるように、また今日でもそうであるように、ラングドック地方を遊動するロマは多い。そしてかれらに対する司法機関の取り締まりはとりわけ厳しいものであった。しかしそれをもってしても排除することはできなかったであろう。一五五五年から一六四〇年にかけて五回もロマ排除の布令を発していることがそのことを示している。ラングドック地方でも、また他の地方でも、ロマは治安当局の監視の行き届かない農村や山地を遊動し続けていたであろう。ただしそこでもかれらは住民にとって好ましからざる放浪者であった。史料は多くはないがそのことをよく示している。

一六〇三年四月「エジプト人たち」が現れると、ラシヨ（萱のドローム県の村）の村役人は、かれらが今後当地に来ないこと、直ちに他所に立ち去ることを条件に、団長に銀子を与えた。紛争を嫌う住民の意向を受けての措置であった。

事実、まれには衝突が起こることもあった。一六五二年バニョール（現在のヴァール県の村）に「ボエミアン」の一団がやって来ると、警鐘が打ち鳴らされ、武器を手にして集まった住民は一団を追い返そうとした。乱闘になり、住民一人、「ボエミアン」数人が負傷した。

農民は、収穫期に放浪者たちが村を通るのを嫌忌した。一六五五年九月ル・クレステ（現在のヴォクリューズ県の村）の村当局は、「ぶどうやその他の当地の果物に損害が生じることを恐れて、シモン団長のエジプト人の一行がこのような高地に登って来ることを阻止するよう」強く希望した。

三

ロマが都市を嫌って農村や山地で放浪を続けたのは、これまで述べてきたように、治安当局の取り締まりを逃れるという理由があった。食物や飼料、焚木を得るのが容易であったということもあろう。そしてもう一つ重要な理由として、これまで紹介した王令や布令にも見られるように、農村にはかれらを迎え入れ保護してくれる貴族、領主がいたことを挙げねばなるまい。

『トゥルネのタピスリ』には、領主やその家族と一緒に歓談するロマたちの姿が見られる。またモリエールの喜劇『病は気から』には、回教徒姿の「エジプト人」の旅芸人が邸宅に招かれて賑やかに歌い踊る場面がある。この舞台が都市とするならば疑問が残るが、農村では、館にロマを迎え入れて、手相占いや踊りや歌に興ずる領主、貴族はまれではなかったろう。かれらに施しを与えることもあった。厩舎の世話を任すこともあった。狩猟の御供にすることもあった。しかも王政司法機関がロマ排除施策を強めるなかで、しばしば貴族、領主はそれに抗してかれらを匿い保護した。いくつか例を見てみよう。

一五八一年マコン地方に現れた「放浪サラセン人の一団」を追跡していた公安長官は、村民二人に逮捕の協力を要請した。おそらく二人はそれに応じたのであろう。領主は二人を領主裁判に召喚して追及した。二人はそのことを不当とし、国王の司法機関であるマコンのバイイ下級裁判所に訴え出た。

一六一二年二月バイイ下級裁判所判事代理は、サン・シャマン（現在のカンタル県の村）にやって来た「エジプト人たち」にオート・オヴェルニュ地方から立ち去るよう命じた。ところがサン・シャマンの領主やメルカール公爵など三人の貴族が武器を手にしてかれらの排除に反対して立ち向かった。翌日も判事代理は抵抗にあって引き返した。その翌日は警吏を増強し、団長を含めて「エジプト人」数人と、かれらの保護者、抵抗者など多数を逮捕して目的を達成した。後者には上記の三人の貴族のほかにも、数人の貴族が含まれていた。「この種の事件はランドック地方とギュイエンヌ地方で増えつつあった」。

一六五五年一一月ムワサック（現在のタルン・エ・ガロンヌ県の都市）の役人二人が市の郊外のサント・リヴラードに宿営していた「ボエミアンの一団」に立ち退きを命じた。ところがサント・リヴラードの領主は、友人の男爵の支援を受けて、この措置を妨害した。かれらの排除に賛成する市民と、二人の貴族、その使用人、「ボエミアン」との間で乱闘になり、使用人の一人が負傷した。領主と男爵は、その場にいた二人の役人と数人の市民を呼びつけ、役人を殺すと脅した。市は二人を擁護し、そののち市と領主の間で対立が続くことになった。市の主張は、領主は教区の一部の年貢徴収領主にすぎないこと、したがってサント・リヴラードの領主ではないというてんにあった。

領主たちの抵抗は、絶対王政の権勢とミシェル・フーコーの言う新しい社会的感受性、更には今後推進される「大規模な怠惰追放政策」に直面して、おそらくすべて敗北に終わったことであろう。

四

フーコーの『狂気の歴史』によれば、一七世紀は狂気や貧困、無為怠惰について中世とは異なった新しい社会的感受性が形成された時代であった。狂気は古典主義的思考のなかで理性の領域の外に置かれ、追放され、非神聖化される。貧困もまた中世の神秘的、神聖的な意味を失うことになる。「貧困はもはやみずからの罪悪しかしめすことができないし、それが現れる場合、それは罪過の領域のなかにある」。反対に労働が貧困の解決策、救済手段として知覚されることになる。労働と貧困、労働と怠惰は正反対の関係におかれ、怠惰が最高の罪過となる。「今や安逸怠惰こそが諸悪の輪舞をみちびき、それらを引きずりまわすのだ」。そして狂気は、「労働中心の共同体によって守られている社会」のなかで、怠惰にたいする倫理上の非難をとおして知覚されるようになり、狂人は、貧民や放浪者の仲間として、監禁施設のなかに閉じこめられてしまう。

フーコーの新しい社会的感受性を象徴的に示すものが、かれの言う「大規模な怠惰追放政策」であり、ポールトルの言う「監禁体制」であった。この政策、あるいは体制はルイ一四世絶対王政時代に始まった。

一六五六年四月「パリ市内、並びに近郊の乞食の監禁のための総合施療院設立を定める王令」が出された。この王令は、「すべての無秩序の根源としての物乞いおよび無為を阻止することを目的とし、パリ市内外において物乞いを禁止するとともに、総合施療院を設立して、「物乞いする貧民」をそこに監禁し、かれらを労働に従事させることを定めたものであった。

一六六二年六月ルイ一四世は更に、パリと同様に、他の市や町に対して、総合施療院を設立し、同地の出身者ないしは物乞いをする両親を持つ者のうち病弱な貧しい乞食を同院へ宿泊させ監禁し、かれらのなしうる手仕事を教えるよう命じた。

以上のごとく、乞食は無為怠惰を象徴する反社会的存在として社会から隔離されることになった。ロマも同じように怠惰な反社会的存在であるはずであった。事実ルイ一四世絶対王政は、ロマの存在を罪悪視し、これまでの排除政策を更に体系的に苛酷に推進した。

一六六〇年一二月国王は警察に関する王令を発し、「ボエミアン、あるいはエジプト人と呼ばれる者、並びに他の同行者」に対して一カ月以内に王国及び従属地から立ち去ること、違反者は漕役刑あるいは体刑に処することを申しつけるよう治安当局者に命じた。そして更に一六八二年七月『ボエーム対策王命』を発した。一六八二年は、この王令によって、フランスのロマの歴史において「新しい時代の始まり」を示す画期として記憶されるべき年となった。

　この王令はまず次のような事態の認識から始まっている。国王はこれまで「ボエームと呼ばれる放浪者」を王国から排除するよう努力してきたにもかかわらず、貴族、領主がこれまでと同様に現在なお「これら盗人」を館、邸宅に保護しているために所期の目的を達成することができないでいる。

　王令はこのような認識に基づいて次のことを定めた。（イ）「ボエーム、あるいはエジプト人と呼ばれるすべての者、その妻、子供、他のすべての随行者」を逮捕すること。（ロ）男は終身漕役刑に処すこと。（ハ）妻と娘は断髪に処すこと。その後も放浪し、「ボエミアン女」の生活を続けるならば、笞刑に処し、国外に追放すること。（ニ）子供は施療院に監禁すること。

　この王令は、貴族、領主によるロマの保護がロマ排除政策を阻害しているという認識において、また貴族、領主に対して国王の警察権・裁判権を見せつけようとする絶対王政の意思表示においても、前述のトゥルーズ高等法院の布令の延長線上に制定されたものとみなすことができよう。ただしこの布令を含めてこれまでのロマ排除法令と異なるてんは、この王令は、ロマを逮捕すべき者、つまり犯罪者と定めているてんにある。そして注目すべきことは、これ以後司法機関はこの先蹤を追い、怠惰な者、つまり乞食、放浪者をロマと同様に犯罪者とみなすようになったことである。

五

　監禁体制は、一七一五年に始まるルイ一五世治下のもとで一層強化された。まず法令を見てみよう。

　一七二四年七月、施しを強要する乞食、四人以上の集団の乞食、武器を携帯する乞食などの逮捕、また逮捕者に対する漕役刑、笞刑、総合施療院監禁刑などの刑罰が定められた。

　一七四〇年七月、「すべての放浪者、無信仰者、健康な乞食、男女のボエミアン」に対してすべて仕事に就くことが命ぜられ、また施しを強要する者、五人以上で集団をなし武器を携帯する者などに対する刑罰が定められた。

　一七六四年八月、放浪者、つまり「六カ月前から職業、仕事に就かず、身分もなく、生活の場所もない者」は逮捕され、施療院に監禁されることが定められた。

　一七六七年一〇月、全国に乞食・放浪者収監所を設置することが定められた。

以上のごとく、乞食、放浪者は犯罪者と見なされるとともに、かれらを収容する監禁施設が拡充された。そして表（略）の示すごとく、とくに一七六八年以後逮捕者、監禁者が急増した。乞食、放浪者はまさしく「騎馬公安官の餌食」となった。ただし釈放者が多く、新しく設置された乞食、放浪者収監所の場合、平均収容者数は総計一万人に達していないことに注意しよう。

さて王政は怠惰追放施策の所期の目的を達成することができたであろうか。ピエール・グベールによれば、浮浪者はアンシアン・レジームに全人口の一％弱にあたるほぼ二〇万人に及んだ。王政にこれだけの者を収容できる監禁施設を建設し維持するだけの財政力があったであろうか。

「この法令の公布は当初は期待された効果をあげているように見えました。乞食の大部分は都市から消えました。治安隊は放浪者を逮捕し、レンヌの収監所に連行することによって、かれらの侵略を部分的には防ぎ止めました。しかしこのやり方は、この収監所にこれ以上の乞食を受け入れることができなくなったために、まもなく実行不可能となりました」。一七七七年八月ブルターニュ地方総督は財務総監ネッケルにこのように伝えた。そのころブルターニュ地方に限らず全国的に放浪者が激増していた。「これら放浪者の群が一七七〇年代、一七八〇年代に増えたことは議論の余地がない」。『一八世紀フランスの貧民』の著者O・H・ハフトンはこのように述べている。先のネッケル宛の手紙は、ブルターニュ地方について、放浪者の侵略の前になす術がないことを告白したものであった。フーコーの言うように、監禁体制は所期の目的からすれば王政にとって失敗であった。ただし王政の意図を別にして、社会的に見るならばその影響を軽視することはできないであろう。ヴェロニック・ブシュロンは論文『アランソン納税区における一七六〇年―一七八九年の浮浪者の増大』の結論部分で次のように書き記している。「浮浪者は森やうさん臭く思われている家に追いやられ、時々現れては社会を脅かした。社会はもはやかれらと知りあうこともないし、彼らを理解することもなくなった。マルジノー（社会的周縁者）と住民との関係はますますまれになった。もてなし施しをするという暗黙の機構はもはや機能しなくなった」。監禁体制は乞食、放浪者を反社会的存在と規定し、かれらを社会から疎外することによって、かれらの社会的周縁性を強めたものと理解してよかろう。

六

以上のごとく、『ボエーム対策王令』と乞食、放浪者対策諸法令は、反労働的非定住者を、「労働中心の共同体によって守られている社会」に対して倫理的脅威を与える反社会的存在と見なしているてんにおいて、またそれら犯罪者を定住者社会から排除することを目指すてんにおいて同一であった。つまり『ボエーム対策王令』の制定は絶対王政の怠惰追放政策推進の一環を成すものであったと言えよう。ただし治安当局の警戒、処罰は、一般の乞食、放浪者の場合と比較して、「ボエーム」に対してははるかに苛酷であったろう。一例を見てみよう。

一七一〇年三月ロアンヌ（ロワール河沿いの都市）の近くで「ボエミアン」が放浪しているという情報が治安当局に入った。軍隊検査官は騎馬隊の支援を得て追跡した。所在をつきとめると、樽職人親方を差し遣わした。職人は馬の買い手を装って朝食中のかれらに近づき、追っ手の来るまで引き止めた。そこに下士官兵、執行官、騎馬隊が駆けつけ、乱闘のすえ全員を逮捕した。

ロアンヌのバイイ下級裁判所は、かれらが武器を携行して放浪していたこと、脅迫的な乞食行為をしていたことを理由に、男三人を終身漕役刑に処し、女三人は罰金を課したうえ笞刑に処し、右肩に烙印を押して公安騎馬隊管轄区からの立ち退きを命じた。男三人は鎖に連がれマルセイユの徒刑場に運ばれた。最年長者はまもなく死亡した。

この例に示されるように、ロマの場合、逮捕されると男は漕役刑に処せられることが多い。一七三九年の漕役囚名簿には九四人のロマが認められる。「王命によるボエミアンとして」、「エジプト人、サラセン人と呼ばれる放浪者として」逮捕され処罰された者たちであった。一七六五年—一七七七年の間に漕役囚は一一三二人に及んでいる。監禁体制の強化に伴って、おそらくロマの逮捕が増えたのであろう。

以上のごとく、怠惰追放政策はロマの生存を脅かすいわばジェノサイド政策であった。

果たしてロマは、治安当局と住民の監視網のなかで危険にさらされながら、どのように対応することができたであろうか。王国から逃れることも一つの方法として考えられる。だがこの推測については、ヴォ・ド・フォルティエの見解は否定的である。「一般的にかれらは住みなれた土地を決して離れようとしなかった」。それでは王国に留まりながらどのように生き延びたのであろうか。

七

「史料によって証明されるように、フランス革命前の南フランスには、放浪生活に疲れて定住するようになった家族がかなりいたことは確かな事実と考えてよかろう。資産が増えるにともなって、定住生活への好みが広まっていった。建物や土地が、あの哀れな人たちが今日なお余儀なくされているあの賤民の生活を捨てるのに役立った」。J・マトレはこのようにかれらの定住化傾向を指摘している。たしかに例えばバスク地方には、その地方に古くから定着したロマのなかにその傾向を認めることができる。かれらは住民の集落から離れた羊小屋や廃屋、時に自製のバラックに住み、羊飼いや農業労働に従事し、住民との交流もあった。ただこのようなバスクの例を一般化することは誤りであろう。むしろ次の例のごとく、生業があり、ある期間の居住生活もある。ヴォ・ド・フォルティエの言う半定住半巡回生活を営む者が増えたことを重視すべきであろう。

マルセイユはロマのもっとも多い都市であった。糸紡ぎや下着洗濯、手相占いで生計を立てる女がいた。フェンシングや踊りの教師、海軍の兵卒や鼓手もいた。ただしそこで数年定住しても、再び旅に出るのが一般であった。ローヌ河流域やブルターニュ地方を遊動するロマのなかには、しばしば、マルセイユで生活したことがあるという者が見られた。

レンヌ（ブルターニュ地方の首都）の城外区には、住宅と厩舎を農家から借りて生活している数家族の「ボエミアン」、「黒ん坊」がいた。かれらは町や村の常設市場や定期市に出かけ、小間物や金物、布地などの商いをしていた。なかには人頭税を払っている者もいた。家にはテーブル、椅子、ベッドなどの家具があり、厩舎には馬四頭と山羊二匹がいた。毎年気候が良くなると、馬車で旅に出るのが習わしであった。

定住化、あるいは半定住化傾向を促した理由の一つとして、居住生活者に対して治安当局の取り締まりはおそらく比較的ゆるやかであったことを挙げてよかろう。マルセイユの場合がそのことを示している。だが安全が保障されているわけでなかった。前述のレンヌの城外区に住む「ボエミアン」の場合がそうである。

一七五八年一月レンヌの公安騎馬隊はかれらの住宅を襲い七人を逮捕した。家主たちの協力があったのであろうか、他の二〇人ほどの者は追っ手を逃れた。逮捕者は裁判でそれぞれ放浪者ではない旨を主張した。ある者はレンヌに住居を持ち仕事もあると述べ、ある者は二年前にレンヌに住んでいたこと、人頭税を払ったこと、警邏隊に加わったことなどを述べた。七人とも「おとなしい市民」であることが認められたのであろう。漕役徒刑場に送られることなく、釈放された。ただしそれは逮捕されてから八カ月後のことであった。拘留中に馬はすべて競売にふされており、馬を買い替えてかれらは旅に出た。

従来のような遊動生活も、また居住生活も危険であるとすれば、定住者社会から身を隠さざるをえない。一七七八年に刊行された『百科全書』第五巻に、「ボエミアン」について「三〇年前と比べて現在は少ししか見られない」と記されているように、革命前夜にかれらが住民の前に姿を見せることはまれになったことであろう。多くの放浪者が森に逃げたように、森や山地に身を隠して生き延びるロマも少なくなかったことであろう。一七八六年ロレーヌ地方に定着していた「ボエミアン」の代表者たちと会ったバイイ下級裁判所判事の報告書は、治安当局に追われ「野生動物のように」棲息しているかれらの様態を次のように伝えている。「そのような放浪生活がどんなに辛くどんなに不安定なものであっても、その方がかれらにとって牢獄や鉄鎖の恐怖よりもはるかに好ましいものと思われている」。「かれらはビトシュ地方の国境地帯で余儀なく草や根を食べて生きているが、乞食をしてそのような軽い犯罪行為を咎められるようなことはしたくないと思っている」。

3　ロマン主義とロマ

もはや放浪もなくなった。
あてどのない戦いもなくなった。
ランボー『地獄の季節』

一

一九世紀のロマについて検討するにあたつて、絶対王政期と異なった客観的状況の著しい変化についてその骨子をまず確認しておくことにしよう。

絶対王政は言うまでもなくフランス革命によって葬られた。そのことは、ロマとの関連において見る場合、どのような意味を持つのであろうか。一つは監禁体制の解体である。「革命が起こると、乞食・放浪者収監所はすべて撤去され、乞食や放浪者は全国に散らばって行き大きな混乱を引き起こした。革命期にはその数は驚異的であった」。他の一つは罪刑法定主義、及び法的平等の原理が憲法によって定められたことである。「何人も犯罪に先立って制定・公布され、且つ適法に施行された法律によるほか、処罰されることはない」。「法律は、保護するものと罰するものとを問わず、万人に対し同等たるべきである」（一七九一年九月三日憲法。人間及び市民の権利宣言）。法的平等は一八一四年六月の憲章にも明記され、それ以後、罪刑法定主義のもとで、憲法はすべてこの原理を確認し受け継ぐことになった。

一九世紀は絶対王政の崩壊のうえに飛躍的に近代化が進められた時代として特色づけられる。そしてロマとの関連においてその近代化を見る場合、その過程において乞食放浪者が激減したことに注目せねばなるまい。絶対王政が成し得なかったことを近代化が成し遂げた。商工業の発展、都市開発、鉄道の発展、軍隊の増強、政府機構の拡充、そして教育の普及などが、雇用規模の飛躍的拡大、兵士の増員、就学児童の増加をもたらし、それらのことが食糧危機の緩和を伴いながら乞食放浪者を著しく減少させた。一九世紀の近代化はフランス国民の定住性を強めたものと言えよう。

それではこのような新たな状況はロマの生活にどのような変化をもたらしたのであろうか。

二

一九世紀は世紀の半ばを境に前後に分けて検討することにしよう。後期は、東欧からのロマの増加に伴って、国家主義の高揚のなかで、ロマへの反発、憎悪が強まり、一九一二年法が準備された時期として特色づけることができよう。また前期は、再び住民社会の前に姿を現すようになった遊動民ロマに対して一部知識人が好意的関心を寄せた時期として特色づけることができよう。言語学的にロマのインド起源説を唱えたハインリッヒ・グレルマンの『チゴイネルの歴史研究』の仏訳が一八一〇年に刊行され、更に一八二七年と一八四四年にはそれぞれフランソワ・ジョベール・ド・パサとポール・バタイヤールの論文が発表されたこともそのことを示している。小説家や詩人のなかにも、ロマを主題にした小説や詩、ロマに関する見聞記、回想記などを残している者も少なくない。以下主としてそれらの作品を材料にしてこの時期のロマについて検討してみよう。

予言する者たちの種族は、眼の光も爛々と、昨日、旅路についた、乳呑児らを背に負い、あるいは、その激しい食欲に、いつも開かれた宝の庫、垂れた乳房をあてがいながら。

女子供らのうずくまる馬車のかたわら、男たちはかがやく武器を肩に、徒走でゆく、消え去った幻影を惜しんでは暗くなる心ゆえ、重くふたがる両の眼を、空の方へとさまよわせつつ、

砂のかくれ家のその奥から、こおろぎは、一行の通りすぎるのを見守りつつ、歌声を張り上げる。彼らを愛する大地の女神が、地の緑をいよいよ茂らせ、

岩からは清水を流し、砂漠に花も咲かせもして、これら旅ゆく者たちを迎えれば、行く手に展けるのは、未来の国の暗闇の、彼らには親しい天地。

（阿部良雄訳）

右の詩はシャルル・ボードレールの『旅ゆくボエミアン』である。武装した凛凛しい男たち、子供連れの野生的な女たちが、馬車とともに、自然の歓迎を四方から受けながら旅をする憂愁を帯びたロマの姿を、この絵画的詩から思い浮べることができよう。

左の詩はピエール・ジャン・ド・ベランジェの『ボエミアン』である。この民衆詩人には、ロマは国家や教会の掟から解放された自由な存在として想像できたのであろう。

国も君主も法律もないわれらの生活はうらやましいものにちがいない、
洗礼を行う教会もなくて生れたわれわれを束縛するものは何もない、
横笛の音と歌を耳にして生れたわれわれを束縛するものは何もない。

両詩とも、周囲の安易な安住生活に対する精神的反発をもって、ロマの遊動生活に対する憧憬を抒情的に詠ったロマン主義の詩である。阿部良雄氏によればロマン主義詩人にとって、ロマは「ブルジョア生活の合法＝安定＝定着性の正反対たる非合法＝不安定＝解放性のすぐれてロマン主義的な形象を提供するものであった」。事実、果たしてそのような形象がロマの真の姿であったろうか。

三

「私が育ったプロヴァンス地方の小さな町ではボエミアンたちは大目に見られていた。かれらは家馬車でやって来ると、町はずれの空地の片隅で野営した。ぼろをまとった子供たち、男たち、陽を浴びながら寝そべる女たちが一年中暮らしている辺鄙な場所もあった」。エミール・ゾラは少年時代を回想した一節でこのように記している。新聞『イリュストラシオン』はサント・マドレーヌの牧場の片隅で野営していた「ボエミアン」について伝えている。かれらは「数台の二輪馬車の脇で馬や犬とごちゃ交ぜに寝そべっていた。時々女が集団を離れ、乳飲み子を一人か二人背負い、もう少し大きい子供は手で引きつれて、通りで物乞いをするために出て行った」。

一八四五年四月南フランスを旅していたギュスターヴ・フロベールは、ニームの近郊で「ボエミアンの二、三台の二輪馬車」に出会ったことを友人宛の手紙で記している。また五年後レバノンのバルベックの旅を伝えた母宛の手紙には次のような一節が認められる。「廃虚の脇にボエミアンが野営していました（ニームからガール橋に行く途中かれらに出会ったことを思い出されませんか）。女が木に吊ったハンモックに子供を寝かせて揺すっていました。横で大きな猿が地面に座っていました」。

スペイン国境地帯には馬の売買や剪毛などを生業とし定住化を強めるジタンと呼ばれるロマもおり、そのなかには財を成した馬喰も見られるが、多くの場合、右に示したごとく、町はずれ、市外区でテントの野営生活をしながら旅を続ける貧しい遊動民であったろう。

貧しさは何よりも子供づれの女たちの物乞いによって象徴される。物乞いは過去と同様に生活の資を得る主要な手段であった。そして貧しさがかれらの移動生活と重って盗人のイメージと結びつく。これも過去と同様である。「盗みは馬の売買についでジタンの多くの仕事の一つである。ただしそれは力と勇気を必要とするような凶器を持った大胆な盗みではなくて、臆病で、素早く、要するに畑泥棒である」。「かれらは厚かましい乞食である。必要とあらばもらえなくとも盗むことができるし、拒まれても奪いとるような調子で強要する。かれらは二人で店に入る。そして一人が品物を値切っている間に他の一人が盗みをする」。当時の著述にはこのようにロマは盗みを習いとしているというかれらに対して憎悪と軽蔑を込めた記述がしばしば認められる。これは盗みはかれらの才能であると記した『百科全書』の記述と同類である。事実、盗みをかれらの仕事、習性とみなすべきほどにかれらは終始盗みをしていたのであろうか。ジョベール・ド・パサによれば、かれらの犯罪行為は決して多くはなかった。「ジタンの名前が犯罪事件に含まれていることはまれである」。かれらの盗みは窃盗罪に問われることはなかったのであろうか。警察文書は、むしろ、籠作り、籠売り、剪毛、魚網作り、鋸挽き、馬の売買などがかれらの主たる仕事であったことを示している。つまりかれらは職人、行商人、馬喰であった。楽士や軽業師もいた。「市の日にはかれらは商人であり、馬喰であり、軽業師であった。夜には野外で眠った」。ニームの祭日の市に大勢馬車で集まって来る「ブミアン」について地方史家はこのように記している。

生業を持っていても、貧しいことも、住民と疎遠な関係にあることも変わりない。そして一方ではその貧しさに同情をよせる者もいた。「二人の男はかれの貧窮について話し、何日も食べずにいたことのことを語った。哀れな人たちよ。たとえかれらが私の金や衣服を奪い、棒で殴って戸外に私を放り出すことがあっても、かれらの行為をどうして完全に正当化できないことがありえようか」。『カルメン』の作者プロスペール・メリメは一八四六年一一月スペインのバルセロナに滞在中ジタンに歓迎され、飲食に興じているうちに財布を盗まれ、家長から返してもらったということを述べたあとでこのように記している。ジョベール・ド・パサも、かれらの怠惰、下品さ、狡知を咎めながらも、それは貧しさのせいと見る。「ジタンの品行の悪さは貧困の結果である。貧窮が性格を堕落させ、人を蛮行に導くのである」。

四

「世論はなぜこれほどまでにかれらに厳しいのであろう

か」。とジョベール・ド・パサが述懐するごとく、少数の同情をよそに、住民社会の間では、かれらに対する悪感情が根深く存在していたことであろう。物乞いや野営に象徴されるかれらの貧困は、裕福と安住を求める住民にとって軽蔑の対象でしかない。しかもそれがかれらの「品行の悪さ」と重なって、かれらに対する嫌悪感をも生む。かれらはとりわけブルジョアに嫌われていたのであろう。「紳士的な人たちはかれらの野営地の脇を通らねばならない時には顔をそむけた」。作家のゾラは町の郊外で野営する「ボエミアン」に対する住民の反応をこのように記した。しかも侮蔑感、嫌悪感は、両者の異質性、疎遠関係と重なって、相互の偏見、恐怖感を生む。

プロヴァンスの詩人フレデリック・ミストラルが、少年のころ真夜中の町はずれで三人の「ボエミアン」に出くわした時のことを『青春の思い出』のなかで書いた場面は、そのような偏見、恐怖感をよく表している。一八四〇年ごろのことである。

「わたしは恐怖にかられて、叫び声を上げた。こんなに恐ろしかったことは、生涯に二度と経験したことがない。三人のジプシーが恐ろしい目つきでいっせいにこちらを凝視した。『ぼくを殺さないで、ぼくを殺さないで』とわたしは絶叫した。三人はわたしのいることに気づくと同じように恐怖に襲われた。……わたしはかれらがわたしと同じように、笑ったり話したりする人間であることを知って、多少元気を取りもどした」。そして少年は、焼肉を食べている三人を見て、すぐにかれらは泥棒であると思った。「ジプシーたちが羊飼いの目をごまかして盗んだ子羊を焼いていることはすぐ察しがついた」。

以上見てきたロマに対する嫌悪感、恐怖感は、過去の住民社会で見られたものと同様である。そしてフランス革命後においても、このように根深く存続する住民の悪感情を背景にして、治安当局はロマ排除を続けた。ナポレオン時代のことである。

「バスク地方の利益は、この危険な生きものたちを追い払うことを要求する」。一八〇五年九月バス・ピレネ県知事は、カーン（ノルマンディ地方の主要都市）の乞食放浪者収監所にいた一五人の「ボエミアン」が当該県に送還されることを知らされると、このように政府に抗議し申し込んだ。知事は、かつてかれらを逮捕するさい住民の協力があったことを承知しており、かれらの復讐を恐れた。結局知事は政府の命令に従ったが、かれらは警察の厳重な監視のもとに帰途につくことになった。

この時の「ボエミアン」の釈放、送還については、この知事に限らず、かれらの逮捕、排除を主張する知事は少なくなかった。ゼール県知事はかれらが県内に現れる場合には逮捕するよう治安隊に命令した。ロー・エ・ガロンヌ県知事は、以前から県内で生活している数家族の「ボエミアン」を除いて、「あの移動詐欺師ども」を追い払うように命令を出した。またアリエージュ県知事も県内を通過する「ジタン」の集団を逮捕するように命令を出した。ところでアリエージュ県の場合、警察は、そのような命令を実行すれば、不当逮捕になること、また多額の経費を必要とする、という理由を挙げて、知事の命令を拒否した。この拒否は、ヴォ・ド・フォルティエの言うごとく、「それは遂に、経費のかかる、全く無益で、とりわけ非人間的な企ての失敗を認めたことを意味した」。だがこれに類する「非人間的企て」は、第四章で見るごとく、その後なくなるわけではなかった。

五

「フランスは、人種に関しては、もっとも公正な国であり、野蛮な偏見からもっとも解放された国である。ユダヤ人、黒人、ボエミアンは実際にはわれわれと異なる人間であるが、フランスではかれらは法的に平等である。またフランスの人びとは、長い間抑圧に苦しんできた人種の堕落、腐敗は、迫害や屈辱、不幸の当然の結果であるということを理解する判断力と理性を持っている」。作家のジョルジュ・サンドはこのように述べている。この文章の後半部に示された認識は必ずしも現実と合致していないことはこれまで見てきたごとくであるが、法的平等というてんについてはたしかに認めることができよう。法的平等を謳った憲法の定めた通り、ロマを差別し、非社会的存在とする法令はなかった。ナポレオン時代以後、王政復古期と七月王政期には、治安当局が、ロマであるという理由によって、かれらを逮捕したり、移動を阻止したり、野営地からの立ち退きを強制的に行うという事実は見られない。ロマン主義の時代は、公権力によるロマ排除の歴史から見れば、おそらく間隙の時期であったと言えよう。ただしかれらは、ロマン派の想像するようなすべての束縛から解放された自由な遊動民では決してなかった。治安当局は監視を止めたわけではなかった。そして何よりもかれらをたえず見張っている住民の蔑視や憎悪、恐怖の目があった。詩人たちの描くロマは、ヴォ・

ド・フォルティエの表現通り、「自由の神話」を作りあげたと言ってよかろう。しかも詩人たちの憧憬するロマは、現実の貧困の実体とあまりにもかけ離れていたことであろう。「貧民のこのようなきたならしいぼろ着に何らかの重要性を付与するためには、ロマン主義文学以来人びとにとりつき広まっていた風変わりなものへの情熱を必要とした」一八七〇年代に「ボエミアン」を見てこのように述べたジャーナリストはロマン主義的想像に耽けることはなかった。観察家の目には貧困こそかれらの偽りのない姿であったろう。

4 『巡回的職業の営業、及び遊動民の通行規制に関する法令』の成立

すべての研究者が示すところによれば、卑劣で、残忍、これがボエミアンの性格の本質である

——ジラール・ド・コーオルン

かれらはまるで征服地にいるかのようにわれわれの領土で生活している

——元老院、一九一一年

一

「私は、当地の人びとを熱狂させている非常に独創的なハンガリーの曲をボエミアンの楽士たちが演奏するのを聞きました。それは何かとても悲痛な調子で始まり、気違いじみた陽気さが聴衆をとらえて終わるのでした」。作家のメリメは一八五四年九月にブダペストでロマの音楽を聞きに行った時の経験を友人宛の手紙でこのように記した。メリメはロマ音楽の愛好家であったろう。第二帝政期にパリや地方都市のカフェやレストランで演奏するロマの楽団は珍しくなかった。一八六七年、一八七八年、一八八九年に開催されたパリ万国博覧会では、ハンガリーやロシアから招かれたロマの楽団やヴォーカルグループは大成功を収めた。都市だけでなく、ロマの楽士は村を訪れることもあった。「一人は、ヴァイオリンの上に弓をすべらせながら、何かの悲しみを物語っているようだし、べつの一人は、革紐で首に吊るした小型のピアノの絃の上に小さな槌を踊らせながら、隣の男の愁嘆をからかっているといったふうで、一方また三番目の男は、時おりとてつもない勢いであらあらしくサンバルを叩くの

だ。三人ともおのれ自身に満足しきっていて、群衆が散り散りになってからも、まだその野蛮人の音楽を続けていたっけ。それからようやく銅貨を拾い集めて、荷物を背負うと、出発するのだった」。ボードレールは、かれらの流浪生活に憧れる少年の目を通して、市の日に村にやって来たロマの旅芸人たちのことをこのように描写している。

「かれらは大衆からも、また大芸術家からも絶大な名声を博した」。事実かれらの音楽は多くの人を魅惑した。だがその魅惑に反社会的な危険性を感じとる者もいた。「その音楽は、社会生活と自分自身から逃避するすべての者を引きつける」、「われわれはあれら放浪者たちにのりうつっている不幸な呪いを心の奥底でひそかに直感している。かれらはわれわれを魅惑すると同時に、われわれに恐怖を引き起こす」。国家主義作家モーリス・バレスは、一九〇八年に放浪作家ジャン・リシュパンをアカデミーに迎えるにあたってこのように述べた。このようなロマ音楽への反発は、おそらく当時高揚しつつあった国家主義に傾倒していたかれの人種観に根差すものであったろう。

ロマ音楽の魅力は、一部の少数者の場合を除いて、ロマへの同情、理解を高めていったわけではなかった。むしろ逆に、その人気の高まりと並行して、反ロマ的傾向が強まったものと理解すべきであろう。そのことは、以下のごとく、一九世紀半ば以降に制定されたロマ取り締まりの諸法規に如実に示されている。

二

一八四九年一二月三日第二共和政国民議会は、『帰化、及びフランス在留外国人に関する法令』を承認した。その第七条には次のごとく定められている。「内務大臣は、警察の措置によって、フランスを旅行するすべての外国人、あるいはフランスで生活するすべての外国人をただちにフランス領土から追放すること、並びに国境まで連行させることができる。国境の諸県では、知事は非在留外国人に対して同様の権限を持つ」。この規定は、後述する一八六四年一一月の内務大臣通達に明記されるように、フランス国籍を有しないロマの国外排除を企図するものであった。

第二帝政期の一八六四年一一月一九日、内務大臣は「ボエミアンと呼称される外国人放浪者に関する」以下のような通達を各県知事に送った。長文であるが、ロマに適用される法令、通達を知るうえで有益と思えるので、若干の箇所を省略して、ほぼ全文を訳出し紹介しておこう。

「政府はこれまで、放浪者集団や、ボエミアンという名で知られる遊動民集団の悪事、略奪から住民を守るために施策を講じてきた。

しかしながら、行政当局の行為は、刑罰法規の範囲内にしか及ばないために、定住地も、宗教も、戸籍も持たないこれら特殊な部類の人間の特別の事情によって、しばしば無力である。そのため行政は、すべての政府から非難され排斥されている人間に対して、一八四九年一二月三日法の第七条に由来する排除の権限を行使することができない。

しかしながら、この法令の適用をのがれる遊動民犯罪者は、少なくとも刑法二六五条、二七一条、並びにそれに続く条項のもとにおかれる。したがって、かれらに対するそれら条項の断固とした厳しい適用は、裁判所の権限である。裁判所は根拠のある抑圧をかれらに通告することができるし、警察が行う監視の二次的刑罰をかれらに科することができる。

法務大臣閣下からは、すでに一八五八年五月一八日付通達によって、この方向において、各県検事長に指示が出されている。したがって、知事におかれては、それぞれの管轄内において、放浪者、及び危険な外国人に関する警察法が精力的に適用されるために、それら司法官と協議されねばならない。ボエミアンは実際にはその範疇のどちらか、あるいはしばしば両方に属している。

住居と生活手段を証明することのできない部類の人間は、放浪者として裁判所に告発される。そのうち外国人であることとその国籍が正式に確認される者については、かれらの刑期は満了になったものとする。有罪が言い渡されれば、一八四九年一二月三日法の第七条に基づき、その者は国外追放され、かれらの国の国境まで連行される。

かれらが放浪者として監視のもとにおかれる場合、かれらの存在がもっとも不都合でないと判断される場所に、隔離された住居をかれらに与えねばならない。

旅回りをする曲芸師、楽士、歌手など、その職業のために遊動民である者については、一八六三年一月六日、及び同年三月二八日の通達によって定められた警察措置に従うものとする。

なお市町村長は、一七九〇年八月一六日―二四日の法令によって市町村長に与えられた権限において、ボエミアン、及び認められた職業を有しない他の遊動民の住居として役立つ車が、公道、もしくは公有地に駐車することを禁止することができる。それら駐車によって生じる支障については、知事はそれを指摘し、前もって通知することができる。知事は、必要の場合は、各県においてその趣旨の布告を出すことができる」。

この通達の骨子は、一八四九年法に定められたロマ排除を企図する規定は、罪刑法定主義の原理に基づき、犯罪者を除いて、実際には適用困難であることを認め、代替措置として、既定の法令の適用によるロマの監視、駐車規制（つまり通行と野営の規制）を指示したものとして理解してよかろう。逆に言えば、この通達によって、フランス国籍を有しないロマであっても、フランスでの遊動、滞在は非合法ではないことが確認された。

それにしても、これまで長期にわたって絶えてきたロマに対する取締措置が、どのような条件の変化のもとで、一九世紀半ばこのように突如として講ぜられるようになったのであろうか。その新しい条件として、先の法令、通達の取締対象が主として外国人ロマであることに示唆されるように、外国からのロマの流入増加、あるいはその増加の見通しを指摘してよかろう。

三

ロマニー学者のバタイヤールは一八五〇年にプロヴァンス地方のカンヌでロマの野営集団に出会った。かれらはイタリア語を含むロマニー語を話しており、「ピエモントのシンティ」と呼ばれていた。そのころ北イタリア、とくにピエモントからロマの小集団がフランスに流入しつつあった。かれらのうちの一部はスペインに行く者もいたであろう。バタイヤールの推定によれば、スペイン定着のロマは四万〜五万人に達していた。「この大勢の者は一体どこを経由して来たのであろうか。明らかにフランスである」。フランスに定着した者もいた。かれらは一般にイタリア語の響きを持つ名前を持ち、サーカスや動物の見せ物などをする旅芸人が多かった。

一八六〇年代には、「おそらく一五世紀初め以来の最大のこれら種族の移動」があったと言われるほどに、東欧から西欧に向けて多数のロマが移動した。これは一八五六年にルーマニアでロマ奴隷が解放され、その多くが西欧に逃れたこと、またロムと呼ばれるハンガリーのロマも西に向かって移動を起こしたことによるものであろう。

一八六六年五月末二七台の馬車を連ねた総勢六〇～八〇人のロマが、ベルギー国境を越えてベティニー（ベルギー国境沿いの小さな町）にやって来た。かれらはおそらくフランスに現れた最初のハンガリーのロマであった。ハンガリー風長靴をはき、毛皮のコートを着た男たちは、自分たちは鋳掛屋であると言い、髪を背中まで垂らし、あごひげをたくわえていた。素足の女たちは編毛を宝石で飾り、子供たちは彫琢のある長いパイプで煙草を吸った。そしてかれらのこのような異様さが住民を驚かせた。警察はパリの指示をあおぐあいだ町に滞在することを許したが、数日後治安隊が来てベルギーに追い返した。

おそらくかれらの入国を拒む法規はなかったはずである。その後、三〇人から一五〇人ほどの集団をなして遊動するハンガリーのロマは至る所で見られるようになった。特色的なことに、馬車は四輪で、柳で作った箱家を積んでいた。

かれらは旅の先々で好奇の目で迎えられた。一八六七年五月ルアンにやって来た一団は、フロベールの目にとまった。この作家にとって三度目のロマであった。「驚いたことは、かれらは羊のように非攻撃的ですけれども、ブルジョアの憎悪を引き起こしたことです。私はかれらに少しばかりの金を与えたために、群衆からひどく敵視されました。この憎悪は非常に深く複雑な何かに根差すものです。すべてのきちんとした人びとにそれが見られます。これは、ベドゥイン族、異端者、哲学者、隠者、詩人などに向けられるものと同じであり、その憎悪には恐怖が混じっています。私はつねに少数派の肩を持ってきたので、この憎悪は私を苛立たせます」。ジョルジュ・サンドにこのように書いた。

同年六月他の一団がレスパール・メドク（ジロンド県の町）の定期市広場に現れた。地方紙は、住民たちはかれらの鍋や釜の修理の巧みなことに感心したこととか、子供たちは六、七頭の馬と一緒になって半裸で草のなかを走りまわることなどを伝えるとともに、またかれらに抱く住民の偏見、恐怖をからかい気味に次のように記した。「かれらはこの町に滞在中人間を食べることもなかったし、私の知る限り、子供をさらうこともなかった」。

右の文章に示されるごとく、ハンガリーのロマも住民社会の好奇心と警戒、憎悪、恐怖の目にさらされながら遊動を続けた。かれらを取り巻くそのような目は、少数者の見られる側に不安、憎悪、恐怖も引き起こすことになろう。パリのサンクワン門に現れたロマの野営集団を見た作家のゾラは、そのようなかれらの不安、恐怖、そして住民社会に向けて抱くかれらの侮蔑に思いをめぐらしている。見物の群衆と一緒になってかれらを見ることに恥じらいをおぼえながらも、次のように書き記した。「かれらは農民の手荒い拒絶や田園監視員の警戒心のなかでフランスを横断してきた。地下牢に投げ込まれはしないかという恐怖感をもってパリにやって来た。かれらはかれらのぼろ着を見て恍惚としている紳士淑女の金色の夢のなかで目をさますのだ。かれらは町から町へと追い払われる。ぼろを着て城塞の斜堤に立ち、眠りこんだパリに向けて軽蔑の高笑いをするかれらの姿を見る思いがする」。

普仏戦争（プロイセン・フランス戦争、一八七〇―七一年）が終わって平和が回復すると、ロマの流入が増した。ゾラの右の体験は戦争が終わってまもない時のことであろう。ピエモントのほかに、ハンガリー、セルビアなど東欧から移動して来る者もいた。その後も外国ロマの入国は増え続けた。住民にとってそれは侵略のように思えることもあった。「それはまさに城壁の下に襲いかかった侵略であった。約四〇〇人のハンガリーのチガーヌが、宣戦布告もしないで、多くの家馬車、おびただしい数の馬を連れてやって来た。住民は恐れをなして憲兵隊に連絡した」。一八八八年一一月カルカッソンヌ（オード県の県庁都市）の地元紙はこのように伝えた。

四

右に見てきたごとく、フランス革命前のような治安当局や住民によるロマに対する露骨な迫害は見られない。だがかつてかれらを饗応した貴族、領主もいないし、憐れみ喜捨する住民もいない。かれらは住民にとって好奇心、見物の対象であり、まさしく「応接拒否の犠牲者」であった。

このような住民の態度に根差すものは、かつてのロマ排除の主張に認められた偏見や恐怖、憎悪、嫌悪、軽蔑などの悪感情であろう。そして注目すべきことは、一九世紀半ば以降、そのような偏見や悪感情に基づく非難が強まり広まったことである。それらの非難を整理してみよう。

放浪生活に対する非難。「組織化された社会においては、各人はある定まった量の仕事を負う。その義務を欠く者は、その構成員である社会に対して罪を犯していることになる」。『放浪者と前科者』（一八七二年刊）の著者Ｐ・ショピーはこのように述べ、放浪者に対する社会の自衛措置として、放浪者の植民地追放を提唱した。この法学者にとって、仕事は「自然の責務」であり、放浪者は社会的犯罪者であった。やはり法学者であるジラール・ド・コーオルンにとっても同様であった。学位論文『遊動民と刑法』（一九一三年）のなかで、遊動民、つまりロマを次のように非難した。「生活手段もなく、大道を彷徨している者たちは、社会に対して危険な存在ではなかろうか。このことをまじめに反論する者がいるであろうか」。

非衛生的生活に対する非難。「これら遊動民の一行の滞在によって、最近ノアイユの町では疫病が生じた」。一八八一年一月ワーズ県知事は遊動民の駐車を禁止する布告を出し、その理由としてこのように述べた。また後述の一九一二年七月一六日法の法案趣旨説明では、「ボエミアン」は伝染病の媒介者、発生源であるとして、次のようにかれらの危険性が強調されている。「遊動民は現在公衆衛生にとってきわめて危険な存在である。病原菌に感染された家馬車が天然痘を町から町、村から村へと運んだり、伝染病を引き起こしたりすることはまれではない」。

施与の強要に対する非難。「かれらは町や村におしかけ、金や食物、下着などをくれとしつこくつきまとう」。一八八一年コーヌ・シュル・ロワール（ニエーヴル県の都市）の市長は、毎週のようにやって来るロマの馬車隊に恐れをなしてこのように記している。また『ヴォージュ新聞』（一八九四年三月）は次のように書いている。「かれらは至る所で一種の税金、一種の十分の一税を取り上げる。住民はかれらが恐ろしいので与える。かれらは、口で脅し、鋭いナイフの柄を手にし、火事をおこすための松明をポケットに持って、施しを強要するのである」。

人さらいに対する非難。モリエールの『スカパンの悪だくみ』には、四歳の時さらわれロマの旅芸人一座にいるゼルビネットという女性が登場する。ロマは人さらいであるという伝聞は古くからあって、一九世紀になっても民衆伝説として生き続けていた。雑誌編集者のなかにも、人さらいは「ボエミアン」にとって「主要な収入源」であり、さらわれた子供はスペインに送られ、整形されて市の見せ物に出されると信じている者もいた。だがこのような伝説はほとんど根拠がなかったものと理解してよかろう。ある裁判官は、人さらいの歴史を研究するために、裁判報告書を検討した結果次のように結論した。「私はそれら報告書を詳細に調べたが、子供さらいをボエミアンの仕事とした判決を一つも見出さなかった」（『ロレーヌ地方』一九二二年）。

ヴォ・ド・フォルティエの言うように、人さらい伝説は、住民社会がロマに対して懐く恐怖の主要な原因となっていたであろう。換言すれば、その伝説は、ロマへの恐怖を集約的に表して、形成、口承され、生き続けたものであろう。そして注目すべきことに、一八九四年と一八九五年にそれぞれタルン・エーガロン県とムーズ県で、子供の失踪をロマの出現と結びつけて騒ぎとなった事件が起きた。ロマへの恐怖の強まりを象徴的に示す事件として理解してよかろう。

五

右の事件が起きた一八九〇年代は、政府、地方自治体ともにロマ対策の促進に向かった時期であった。

一八九五年の「ボエミアン」の実態調査もその一環として行われたものである。これは全国の「ボエミアン」の姓名、出生地、国籍、職業、家族、移動手段などを調査したものであるが、残念なことに、多くは紛失、焼失し、二二県の調査結果が現存しているにすぎない。

このように一九世紀末のロマの実態を全国的規模において知るうえで資料的制約があるが、この調査結果からとりあえず以下のことを確認しておこう。（イ）遊動性の強いマヌーシュが多いこと。（ロ）大多数はフランス国籍を有すること。（ハ）外国人は、ドイツ、スペイン、スイス、ベルギーなど隣接国の者が多いこと。（ニ）なかには、日雇い、農業労働者、季節労働者として、個人で生活している者もいること。ただしそのなかには放浪者と記入されている者もいる。（ホ）大多数は家族中心の集団生活者であり、馬喰、籠編職人、行商人、旅芸人などが多く認められること。（ヘ）ロマがほとんど来ない地域もあること。「遊動民を当地で見るのは非常にまれである」。「ボエミアン民族はこの村にいない」。このように記しているモルビアン県の町長や村長もいる。（ト）移動用の馬車は、戸口、窓、煙突のあるルロットと呼ばれる四輪あるいは二輪の家馬車であること。なかには二台のベッドや台所用具を設備した家馬車もあった。

当時遊動民は一般に外国人であると見なされていただけに、右の人口調査によって、かれらの大多数はフランス国民であることが明らかになったことは注目すべきことであろう。それはなぜであろうか。逆に、なぜ外国人ロマが少ないのであろうか。

一つに、フランスはすでに外国人労働者の受け入れ国として外国人の増加が著しかったが、ロマについてはしばしば入国拒否の施策が講じられていたことを指摘できよう。事例を見てみよう。

一九〇七年一〇月家族八人の「ボエミアン」が家馬車とともに、ベルギーの治安隊によって国境まで連行されて、フランスに入国しようとした。しかしフランス側では、モン・サン・マルタン(ムルト・エ・モーゼル県の町)の治安隊が、県知事の指示によってそれを阻止した。両国の治安隊の監視のもとで、かれらはそこに翌年四月まで留まり、結局ベルギーに引き返した。ただしその間、町当局はかれらに対する食糧費、燃料費のほかに、治安隊仮駐在所建設費、光熱費などのために、多額の臨時支出をしいられた。そこに県や町のロマ排除の理由を見てとることができよう。

外国人ロマ排除政策を理由の一つとして挙げることができるであろうか。そのための法令として、前述したごとく、一八四九年一二月三日法がある。また後述する一八九三年八月八日法の適用によって、フランス人国籍を有しないロマの排除を企図した県もあった。だがおそらくこれら排除政策は効を奏することはなかったであろう。事例を見てみよう。

一九〇七年七月ドイツ国籍の三家族、三四人の遊動民がドイツからスイスに入ったところ、スイスの税関吏と治安隊によってフランスに追い払われた。フランス側ではかれらをドイツに追い返そうとしたが、ドイツ側はかれらの国籍は不明確であると主張して入国を阻止した。

この事例に見られるように、ロマを外国に排除することは事実上困難であった。後述の一九一二年七月一六日法の法案趣旨説明者もそのことを認めて次のように述べている。「一八四九年一二月三日法によってかれらをわれわれの領土から追放することができるとしても、隣接国はかれらをわれわれの国に追い返してしまうのである」。

フランス国籍を有する者が多い、あるいは外国人ロマが少ないことのもう一つの理由として、ロマの多くが、フランス国籍を有しないロマに対する特別の取締措置を逃れるために、フランス国籍をとるようになったことを指摘してよかろう。その契機となったのはおそらく一八九三年八月八日に制定された「外国人のフランス滞在、及び国民の労働保護に関する法令」であったろう。

この法令は、主として急増しつつあった外国人労働者を対象にして、外国人滞在者に身分の証明、及び滞在の通知を市町村に届けることを義務づけたものであったが、当然ロマに対しても適用された。しかも県によってはとくにかれらに対して法令の厳格な適用措置を講ずるところもあった。たとえばヴィエンヌ県知事は、一八九九年一〇月、この法令に違反する外国人遊動民はただちに告訴するように市町村長、及び治安隊長に命令した。そのうえかれらの県内での滞在には県知事の許可を必要とすることをつけ加えた。

六

ロマ対策は外国人だけを対象に進められたわけではない。県当局はすべてのロマを管轄区から排除するためにかれらに対する規制を強化した。そのてんに一九世紀末におけるロマ対策の一つの特色を見ることができよう。

一八八一年七月ニエーヴル県は、市町村長の要求に基づいて、「ボエミアン」に対して、熊の見せ物、曲芸、鋳掛けなどをすることを禁じた。これは通行規制のうえに、かれらの生業を禁止することによって、県内からかれらを排除することを企図したものであった。

一八九九年一月パ・ド・カレー県知事は、遊動民の行動に対する厳重な監視をするように市町村長に命じた。以後遊動民は、滞在地の市町村、及び県の二重の滞在許可を必要とすることになった。この措置は、通行・駐車取り締まりの強化、及び滞在許可手続きの煩瑣化によって、「ボエミアン」、「田舎回りの放浪者」などを県内から立ち退かせることを企図したものであった。県民はこの措置を歓迎した。その後、オート・ヴィエンヌ県、イル・エ・ヴィレーヌ県、ムルト・エ・モゼル県、アリエージュ県などこの先蹤を追う県が相次いだ。

ヴィエンヌ県のように更に厳しい措置を講ずる県もあった。一八九九年一〇月知事は、市町村長、及び治安隊に次のことを指示した。（イ）大道芸人の仕事を禁止する。（ロ）滞在希望者は市町村長の許可を必要とする。（ハ）ボエミアンの馬車が公道、公有地に駐車することを禁止する。（ニ）定まった住居、職業を有しない者は放浪者として逮捕し、告訴することができる。

さてそれでは以上のような諸規制措置は、効を奏したであろうか。

「結果は直接的であった。ボエミアンが集団をなして移動したことが確認された」。このようにその効果を認めた法学者もいる。たしかにかれらのなかには取り締まりを逃れるために他県に移動した者も少なくなかったことであろう。しかしおらく県内からかれらをすべて排除することはできなかったであろう。事例を見てみよう。

一九〇〇年のことである。セーヌ・エ・ワーズ県の治安隊は、知事の指示に従って、ロマの家馬車をヴェルサイユから西へウール・エ・ロワール県の県境まで連行した。そこにはウール県の治安隊が同じような指示を受けて来ていた。結局セーヌ・エ・ワーズ県ではかれらを隣接県に追放することができず、引き返し、サン・クルー門の脇で野営を許可した。

このように県内のロマを他県に追放しようとしても、しばしば他県の阻止にあった。それに取り締まり、監視の強化をもってしても、他県から県内に移動して来る者をすべて阻止できるわけではなかった。マルヌ県の担当官の次のような嘆息にそのことがよく示されている。「われわれはこのような侵略に無防備である。県内の一方からこれらの人間を排除しても、他方から入って来る者もいる。われわれはとりあえずこれら流動民を市町村から市町村へと隣の県まで追いやるよう努めねばなるまい。隣の県はまた隣の県で、できるだけのことをして、かれらを追い払うであろう。現行法では他の解決策を考えることはできない」。

一八九七年内務大臣の私的諮問委員会の調査によると、「隊列をなして旅をする遊動民」の数は二万五〇〇〇人に達した。一九〇〇年代半ばパリの郊外には一〇〇〇人ほどのロマの集落が形成されていた。この大勢の者を一体どこに排除できるであろうか。

七

以上一八八〇年代以降の当局によるロマ取締対策を検討して注目すべきことは、一つに、法規や公式文書では、かれらは一般に遊動民と呼称されていることである。このことは、一九一二年七月一六日法の法案趣旨説明者が、「かれらの家馬車はかれらの住居となっているし、それにかれらは仕事をしていると主張している。したがってかれらに刑法二七一条を適用することはできない」と述べているように、住居と仕事を持つ者として、放浪者と区別して理解されるようになったことを意味するものと理解してよかろう。

　ロマ取締対策の検討によって確認すべきもう一つのことは、その対策は、通行規制、営業禁止、滞在の届出義務、滞在の許可制を骨子とし、当初はかれらの排除を企図していたにもかかわらず、結局それは事実上不可能なことが明らかになり、そのことが当局によって認識されるようになったことである。

　一九一二年七月一六日法は、以上の理解、認識の上に基づいて制定されたものであった。

　この『巡回的職業の営業及び遊動民の移動規制に関する法令』によって、遊動民については、大略次のことが定められた。（イ）人物鑑別証を携行し、定着と出発のさいには、滞在市町村の警察署長、あるいは治安隊長、あるいは市町村長にそれを提示しなければならない。また警察官、その他の当局者の求めがあれば、つねにそれを提示しなければならない。（ロ）馬車にはナンバープレートをつけること。（ハ）種痘、定期的再種痘を受けること。（ニ）（イ）、（ロ）、（ハ）の規定の違反者に対しては、禁錮、罰金、馬車と馬の一時的取り上げなどを含む刑罰を科すこと。

　この法令は、これまで検討してきた諸法規のように、排除を企図したものであろうか。そのように解釈する法学者もいた。「（治安隊は）遊動民の数を減らさなくてはならない。とくに外国人遊動民については、フランスの領土に入って来ることを禁止したり、定まった住居を持つことを義務づけたり、フランスから出て行くようにしいることによって、その数を減らさなくてはならない。遊動民に巡回的仕事を行うことを容易にすることは立法者の精神に反することになるであろう」。『治安隊用法令実用選集』にはこのように解説されている。事実そうであろうか。遊動民を排除してその数を減らすことが立法者の希望であったとしても、以下に述べるごとく、それは立法者の精神、あるいは意志ではなかったであろう。

　この法令には、これまでの諸法規と比較して、駐車禁止と営業禁止の規定、及び滞在許可制の規定が見られない。とくに駐車禁止と営業禁止の規定は、事実上管轄区での移動、滞在を不可能にするものであり、その規定がないことは、新法令は遊動民排除を企図した法令ではないことを意味しているものと理解すべきであろう。つまり右の禁止規定をなくし、通行規制、並びに通行監視の強化を企図したてんに新法令の特色を見ることができよう。「われわれは遊動民の移動を規制することを考えている」。一九〇九年六月議会で法案作成者の一人はこのように述べた。

ロマはフランスでの生活を法的に認められた。ただし厳しい取り締まりと監視のもとにおかれるようになった。管区警視正の表現によれば、「懲戒的差別的制度」のもとにおかれるようになった。事例を見てみよう。

（イ）夜に着くことが多い。治安隊駐在所は閉まっているし、村長を起こすこともできない。人物鑑別証の提示が翌日になるために提示違反となる。（ロ）人里離れた村境の辺りで野営することが多い。誤って隣村に出頭して査証を求めたために提示違反となる。この場合には罰金が重いために、馬を売って罰金を払うこともある。（ハ）人物監別証の携行違反はしばしば起こる。例えば二人の女性が、それを携行せずに馬車隊から数百メートル離れていたところを治安隊に訊問され逮捕された。父親が事故でけがをした娘を病院に連れて行ったところ、人物監別証を忘れていたために逮捕された。しばしばあることであるが、治安隊が検査を理由に人物監定証を持ち帰った。この間に駅に荷物を取りに外出したところを携行違反で逮捕され、二人の男は禁錮二週間の刑を受けた。

以上見てきたごとく、一九一二年七月一六日法は、ロマの排除を企図したものではなかったが、差別的であることに変わりはなかった。そしてこの法令は、一九六九年一月に『巡回的仕事を行うこと、及びフランスで定まった住居も居所もなく移動する者に適用される規則に関する法令』が制定されるまでじつに五六年間にわたって効力を持ち続けた。フランスのロマ史に一つの時代を画した法令であった。

最後に、この新たな時代について述べたジャル・ピエール・リエジュワ（パリ大学ロマ研究センター研究主任）の文章を引用して本稿を締めくくることにしよう。「もはや禁止されることはない。かわって検査される。もはや絶滅させられることはない。かわって徐々に従属させられる。もはや排除されることはない。かわって同化させられる」。（『岡山部落解放研究所紀要』第四号、一九八六年）

ジプシーとスポーツ　（一九八四年）

ことしの夏ヨーロッパを旅行した。ヨーロッパもこれで三度目でここ五年半のうち一年三カ月をヨーロッパで過ごしたことになる。

今度の旅行の目的の一つはジプシー調査にあった。ジプシーのために支援活動をしている人々の話を聞くこともできたし、ジプシーの生活ぶりを見せていただくこともできた。

ジプシーはヨーロッパ全体で数百万人を数えるであろう。われわれの調査団が会うことのできたジプシーの人びとは数十人にすぎないが、書物で紹介されているように、物質的に貧しく、しかもさまざまな偏見のなかで、社会的に虐げられ、社会の片隅で細々と生活しているさまをつぶさに見ることができた。ドイツでは山の中で粗末な木造家屋やキャンピングカーに住んでいる人たちもいた。イギリスでは、当局からあてがわれた町のはずれの土地でまるで隔離されているかのように生活している人たちもいた。われわれが訪れた時期には、キャンピングカーや馬車に乗り数家族で隊をなして各地の農村を流浪している人たちも多くいたことであろう。

大多数のジプシーは、彼らがガウジョと呼ぶ一般の人々との親しい交わりはなく、近代的社会生活の周縁で生活している。マルジノー（社会的周縁者、社会的疎外者）と呼ばれる由縁である。ヨーロッパ社会の多数派であるガウジョの社会生活に積極的に適合する意志はないのであろうか。

最近小学校に行くジプシーの子供も増えたという。しかし九月四日マンチェスターにある一教室しかない彼らの小学校（Travelers' school）を訪ねたとき、子供たちはまだ旅から帰っていないとのことで、一人だけしかいない先生と助手の妹さんにしか会うことができなかった。見せていただいた作文には誤字も多く、算数の水準も低いものであった。欠席が多く、また中学校に進む子供はいないとのことであった。

歴史が示すように、近代化はつねに学校教育の普及を伴う。逆に言えば、一般的に学校教育を受けることが近代化への適応を容易にし、またその教育水準が高いほど近代化から享受するものが多い。ところがジプシーの人々は学校教育に熱心ではない。ロンドン郊外に住むジプシー団体の指導者から、ジプシーの子供は読み書き計算ができればそれでよいと聞かされたことが今なお印象的である。

近代教育は知的能力の育成向上だけでなく、スポーツを通じて体力の養成向上並びに社会性の涵養を目ざす。ジプシーはスポーツをどう考えているのであろうか。きっとスポーツと無縁であろう。ヨーロッパではスポーツは一般にクラブ制のもとで行われるが、クラブはジプシーたちに閉鎖的であるにちがいない。クラブに加入してみようという気持ちさえおこらないほどにジプシーとガウジョの社会的隔たりは大きく深いものであろう。

さて私の方は九月二七日（木）に帰国し、さすがに翌日の定例の練習には出かける元気はなかったが、次の火曜日の夜には体育館（岡山大学）に顔を出した。外国旅行、とりわけ今回は大型スーツケースを持って各地を回ったために、四〇歳代後半の体にはこたえた。久しぶりになつかしくラケットを握ったものの、球ははずまないし、動きは足腰のバネがなくなっているからぎくしゃくするし、それにすぐへばってしまった。夜なお明るい体育館のなかで若者たちの躍動を見やりながら、ジプシーたちの生活とかけ離れたいつもの世界に戻ったことを実感した。

（岡山大学卓球部誌『フロンティア』一九八四年）

第四章　労働者、捨子

一

「三番目の子供もはじめの二人と同じように捨子院にいれられた。その後の二人も同じであった。私には五人の子供があった」。

ジャン・ジャック・ルソーは『告白』のなかで、未婚の女性ルイーズとのあいだに生まれた五人の子供をすべてパリの捨子院に入れたことをこのように告白し、このような処置は良いことであり、当然のことであったと述べている。ただし、他の箇所では繰り返し子供を遺棄したことは誤りであったと悔いている。また他の箇所では捨子はフランスの慣習であるから、フランスではそのような慣習に従ってもいいのだと述べて言い訳をしている。

『告白』の著述は一七六〇年代であるが、そのころフランスでは捨子は慣習と言えるほどに一般的なことであったのであろうか。

捨子は当時パリでは教会や道べりに遺棄されることもあったが、もっとも多いのはおそらく捨子院に入れられる捨子であったろう。その年間平均数は、一七五〇年代に四〇六〇人、六〇年代に五六六九人、七〇年代に五七二六人に及ぶ。捨子は大都市に多い。リヨンでは病院に入れられた捨子の年間平均数は、六〇年代に九五二人、七〇年代には一四二五人に上る。ルーアンでは、人口史家ジャン・ピエール・バルデの推計によれば、病院に入れられた捨子だけでも一八世紀半ばに年間五〇〇人を超えた。

一九世紀にも捨子は多い。この世紀半ばフランスは産業革命期である。この時期、都市労働者の貧困だけでなく、都市の捨子も社会問題となって盛んに論じられた。以下、フランス産業革命期の代表的綿工業都市ルーアンについて一九世紀の捨子の問題を考察しよう。

二

一八四〇年五月ルーアンの総合施療院理事会は県知事宛に次のような書簡を送っている。「ルーアン総合施療院に捨子受入箱が置かれるようになったのは一八一三年一月一日である。それまで捨子はこの建物の入り口の地面に置かれていた。守衛が金槌で門扉を叩いて子供を遺棄したことを知らされても外に出て見なければ、あるいはまた門扉を金槌で叩くことが捨子の合図であるということを知らなければ、また通りがかりの者がこのような合図をしないで放置された子供に無情にも注意を向けることをしなければ、遺棄されたこのかよわい哀れな子供は外気に晒されたまましばしば死亡した」。

捨子受入箱は一八世紀にもボルドーやルーアンの病院に置かれることもあったが、それは例外的であった。リヨンには一八〇四年に置かれた。この受入箱が全国的に普及するのは一八一一年以降である。ナポレオンはこの年一月一九日に捨子に関する皇帝令を出した。この法令は、養育を「公的慈善」に委ねる子供を、親が不明の「見つけられた子供」、親に捨てられその親がわかっている「捨てられた子供」、親のない「貧しい孤児」に分け、また捨子受入箱を置く施療院を設置することを定めていた。それは嬰児殺しを防止すること、捨子を公的資金で救護することを目的としていた。それ以後捨子受入箱を置く施療院が全国に広まった。一八二六年にその数は二一七に及んだ。そしてそれとともに「公的慈善」に養育を委ねられた子供が急増した。それらいわゆる捨子は全国で一八一一年に精々六万人であったものが、一八一五年に八万四〇〇〇人、一八二一年に一〇万五〇〇〇人、一八二五年に一一万七三〇五人、一八三三年に一二万七五〇七人に上った。

捨子の急増は経費の増大を引き起こした。捨子経費は一八一一年に四〇〇万フランであったものが、一八二四年には九八〇万フランと倍以上に増大した。「見つけられた子供と捨てられた子供の数が年々驚異的に増え、施療院の維持費が県の財源の大部分を飲み込んでしまう恐れがある」。内務大臣A・ド・ガスパランは一八三七年に国王に提出した報告書にこのように述べ、捨子の増加を行政への災厄と呼んで警告した。さらに大臣は、捨子の増加は道徳の退廃によるものなのか、貧窮によるものなのか、それとも現行法の欠陥によるものなのかと問いかけ、次のように述べて同法を批判した。「一八一一年一月法の規定の誤った拡大解釈に基づいて受け入れを容易にしたことが、見つけられた子供と捨てられた子供の驚くべき増加の主要原因の一つである」。施療院の存在そのものが捨子を促すものであり、悪であった。そして受入箱が捨子を唆していると批判してその廃止を求めた。内務大臣は一八三四年に四人の監察官を全国に派遣して施療院監査を行うのであるが、それは捨子受入を減らすことを目的とするものであった。それ以降捨子受入箱の廃止が広まった。ただし受入箱への批判は当初からあり、すでに一八一三―一八二三年の間に九個の受入箱が廃止されていた。一八三四―一八四六年の間に廃止された受入箱は一三二個に及んだ。

セーヌ・アンフェリウール県（現在のセーヌ・マリティーム県）でも一八一一年法に基づきルーアン、ル・アーヴル、ディエップの三都市の施療院に捨子受入箱が置かれた。県の捨子は一八二六―一八五三年の二八年間に二万五〇八二人を数え、出生数二三・五に一人の割合に及び、それはローヌ県やセーヌ県などに次いで八番目に高い。とりわけ県都ルーアンに捨子が多い。一八一九―一八三三年の年間平均捨子数は、ル・アーヴルが一二一人、ディエップが七五人にたいして、ルーアンでは七二九人に上った。「公的慈善」に浴している子供は、一八三三年末にル・アーヴルが二三八人、ディエップが二四三人にたいして、ルーアンでは一七〇〇人に及んだ。

同県でも捨子受入箱への批判が高まったのは捨子養育費つまり県の財政負担が増大したからであった。県議会は一八三二年に受入箱の廃止を求めた。

県議会議員のP・S・ルロンの調査によると、三施療院が受け入れた捨子の数及び同県の捨子経費は表2（略）のごとく増加の傾向にあった。ルロンはその後捨子と県経費の調査結果を発表し、それに基づいて、施療院はルーアンだけに残し、他の施療院は閉鎖するように求めた。ルーアンの施療院についても、「恥知らずの娘たち」の子供は受け入れてはならないと訴えた。彼女らは、「泣いたり、過ちを隠そうとするどころか、厚かましくも身重の身で公共の広場を散歩している」。

ルロンに限らず、この時期の名望家にとって捨子の増加は道徳の退廃の表れであった。

ルーアン精神病院長L・ドゥプットヴィルは『ルーア

ン誌』に論文を発表し、ルロンの報告を紹介するとともに、施療院を批判し、その即時廃止を訴えた。その主張は当然一八一一年法批判に及ぶ。同法は、本来幼児を嬰児殺しから救うことを目的としているが、その目的を果たすどころか、女たらしを大胆にし、女は「母親の神聖な義務」を忘れ、今や「道徳伝染病が広がっている」と嘆いた。

ルーアン市長で県議会議長でもあったアンリ・バルベにとっても施療院は有害無益な施設であった。「子供たちは施療院で一定の時期まで必要なものすべてを享受しながらそこで怠惰な習慣を身につけてしまう。そのため大多数は職人のもとに連れていかれてもすぐに追い返されてしまい、施療院に戻って来る。施療院はかれらを再び受け入れ二一歳まで養わねばならないと考えている。かれらはその歳になっても性格を改めて社会に入っていくことができるであろうか。事実は正しく逆である。男は放浪者になり、施療院から監獄行きである。女は放蕩に身を崩し、とどのつまり彼女たちを育てたあの施設に戻って住みつくのである」。バルベは一八三二年三月県議会の予算審議で捨子受入箱を置く施療院をこのように批判した。

一八三三年以降受入箱の廃止が全国に広まったことはすでに述べたとおりである。セーヌ・アンフェリウール県でも一八四〇年にル・アーヴル、一八四六年にディエップの施療院で受入箱が取り除かれた。ルーアンについても知事は廃止を定めたが、施療院理事会の強い反対で存続した。理事たちにとって、市長に代表される経済自由主義はイギリス的、プロテスタント的であり、カトリックの慈善に反するものであった。「注意しよう。プロテスタントの制度がフランスに侵入しようとしている。それはすでに旗幟を鮮明にしている。捨子施療院の完全廃止を主張している経済自由主義者がいる。信じられないことにかれらは公共道徳の名のもとに廃止を求めている」。イギリスの経済学者トマス・ロバート・マルサスの理論がこの時期フランスの政治家、ブルジョアに受容されていた。かれらにとって貧困は個人の責任であり、貧困者への公的扶助は無用であった。

三

一八四八年革命は経済自由主義派を駆逐した。ルーアンではバルベが市長の座を退いた。改革派が攻勢に転じ、捨子施療院を擁護した。

　県局長J・A・ドゥ・レリュは論文「見つけられた子供、捨てられた子供、貧しい孤児に関する考察」を発表し、そこでルーアンの捨子受入箱の存続を主張し、またル・アーヴルとディエップで再び受入箱を置くよう訴えた。その骨子は、経済自由主義派を批判し、財政支出の増大を懸念するより、何よりも子供の生命が大切であるという点にあった。受入箱は子供を社会的犯罪から守る慈善制度であった。「捨子受入箱を廃止すれば、おそらく数十万フランの予算を節約できるであろう。しかし数百人の子供が死ぬであろう。かれらは予算に相変わらず大胆にマルサス流に人間の生命に関わることを求めるのであろうか」。

　ルーアン総合施療院副理事長M・L・ネプヴールは一八五〇年九月県議会に施療院を擁護する意見書を提出した。ネプヴールにとってドゥ・レリュは尊敬すべき人であった。ネプヴールは捨子の死亡率が高いという批判に次のように答えている。事実ルーアンの捨子の死亡率は非常に高い。しかしそれは受入箱・施療院批判論者の言うように受入箱や施療院のせいではない。死亡率が高いのは大多数の捨子は病弱だからである。「子供は飢えと寒さに侵された後に施療院にやって来る。体は凍えきり温めてやらなくてはならない。衰弱していて栄養となる牛乳を飲む元気さえない。そして栄養失調で死んでいく」。施療院の保育の仕方は悪くはない。授乳婦は最大限の配慮をして選んでいる。彼女たちの賃金も特別手当も引き上げている。子供には肌着も衣服もよそより多く与えている。子供の健診もよそより回数が多い。「要するに怠っていることは何もない」。副理事長はこのように施療院批判に反論し、最後に、施療院内の保育所の改築、及び授乳婦へのその使命に見合った月給の引き上げを懇請して意見書を結んでいる。

　一八五一年一二月ルイ・ナポレオン・ボナパルトのクーデタによって第二共和政は消滅した。

四

捨子受入箱を置く全国の施療院は、表3（略）のごとく、七月王政期に急減し、第二共和政期に若干回復し、そして第二帝政期に減少に転じている。帝政の出現とともに捨子経費削減を目的として県に監察官が置かれた。帝政期には多くの県では、施療院理事会に代わって監察官が捨子受入を決めるようになった。そして受入箱の廃止が広まった。一八六〇年に全国の受入箱は二五に減少、二年後にはさらに五に減少した。五のうち三は県監察官の監督下に置かれていた。ルーアンの場合がそうであった。ただしルーアンで受入箱が廃止されたのは同年八月であった。注意すべきことに、このような受入箱の廃止、減少は国・県の捨子扶助制度の転換を伴っていた。

「捨子経費の第一は一時救護費が占めている。この制度は政府の指導によって定められ大多数の県で実施されている。これまで法制化されていなかったが、今や法律ができ、その発展を阻害するものは何もないものと確信している。一時救護によって捨子の予防、あるいは捨子をなくす時が来るものと期待してよかろう」。一八六九年八月内務省はこのような通達を県に出している。一時救護とは、乳幼児を抱える貧しい母親への手当の支給、在宅救護を言う。

一八五九年の全国調査では一万四〇〇〇人を超える子供が一時救護を受けていた。この制度を実施していない県はわずか一〇県であった。セーヌ・アンフェリウール県では一八五八年七月の知事令によって実施され、子供の養育能力のない貧しい母親に、子供が三歳になるまで、一月五〜八フランの手当が支給されるようになった。捨子受入制度も変わった。受入箱が廃止され、代わって受入事務所が新設された。そこでは捨子申出人の身元が確認される場合に限り捨子の受け入れが許可された。

ルーアンでは、表4（略）に見られるように、在宅救護が導入された一八五八年以降捨子が急減した。県全体の捨子受入数は、一八七一年に二〇二人、七二年に二三七人、七三年に三〇〇人、七四年に一一五人と一八五〇年代と比較して減少は歴然としている。

五

捨子の減少は何を意味しているのであろうか。子供を遺棄する親がどうして減少したのであろうか。ルソーの言うような捨子の慣習が急速に廃れたのであろうか。

一九世紀の捨子をめぐる論争で捨子を慣習と見る論者はいない。たとえば前述のネプヴールは、ルーアンの施療院は一七世紀末の設立以来「貧窮と放蕩の不幸な犠牲者の生命」を保障するためにあらゆる努力、犠牲を惜しまなかったと述べている。またやはり前述のドゥ・レリュは、「もし捨子受入箱が廃止されれば、放蕩から生まれた子供、愛から生まれた子供、暴力的誘惑から生まれた子供はどうなることであろう」と述べ、さらに母親について、ほかに生活していけない放蕩娘、共に貧しい愛人の援助を当てにして裏切られた女子労働者、主人の誘惑に屈した農村の娘や召し使いと説明を付け加えている。

放蕩は売春と言い換えてよかろう。そのように言う者もいる。捨子は多くは売春による子供であろうか。ドゥ・レリュは、県議会で捨子の大多数は売春婦の子供と言われていること、なかには捨子の七分の五はそうであると言う者もいることを指摘している。ただし事実そうであろうかと疑問を投げかけている。七分の五という数字は知事が一八四〇年に議会で行った演説に見られる。捨子は売春婦の子供であるという論はこの時期施療院批判の論拠として述べられていることに注意せねばなるまい。県議会は売春婦の捨子を施療院で養育する必要はないと主張し、知事は捨子受入箱を廃止しても民衆の道徳教化に影響はないと述べて上述の事実を示している。事実、捨子の多くは売春婦の子供であったろうか。

ドゥ・レリュが県議会の売春婦捨子論になげかけた疑問は、ルーアンの総合施療院で親あるいは親族によって連れ戻された捨子の調査結果に基づいていた。その調査によれば、連れ戻された子供は、一八三八―一八四八年の一一年間に三九三人いて、その母親は職業別に、工業労働者、日雇い、お針子など労働者が二九五人、召し使い二九人、小商人三四人を数える。その他金利生活者など金持ちも三五人認められるが、七五％は労働者が占めるから、捨子の母親の大多数は労働者であったと言えよう。ただしこれは捨子が連れ戻された母親の場合である。ルーアンで上述の一一年間に総合施療院が受け入れた捨子は五七八四人に上るから、連れ戻された捨子はそのうちの六・八％にすぎない。その他の捨子の母親もやはり大多数は労働者であったろうか。

捨子受入箱の廃止、捨子受入事務所の開設まで、捨子の多くは密かに遺棄されるから、施療院は一般に親の身元を知ることはできない。ただし時たまそれが分かることがある。

助産婦は母親の様子を見て乳児を施療院に入れるよう促すこともある。そして施療院に金を渡して乳児の受け入れを要請する。その金は施療院のいわば受入料であった。そのような捨子のなかにはすでに出生届が終わっている場合もある。捨子の名前が分かると、その名前を出生証書で探し、子供が嫡出子か非嫡出子か知ることができるし、親の職業や年齢、出生地、住所なども知ることができる。

こうして一八三〇年について、一一一人の母親の身元が分かる。その職業を見ると、もっとも多いのが綿工業労働者で五〇・五%、その他お針子が一八・九%、日雇いが七・二%を占め、母親の大多数は労働者であることが分かる。召し使いは九・九%にすぎない。商人は四人認められる。

一一一人の捨子について分かるもう一つの事実は、その大多数は非嫡出子ということである。その数は八三・五%を占める。母親の大多数は娘＝母親と呼ばれる未婚の母であった。

六

「多くのまじめな娘に子供がいる」。ルーアンの織物工シャルル・ヌワレは『ルーアンの労働者の回想』（一八三六年）でこのように記している。また『フランスの労働者と工業』（一八五四年）の著者アルマン・オディガンヌはルーアンの娘についてその早熟、非道徳的退廃を嘆き、この都市にはかなりの非法律婚が見られると記している。

一九世紀フランスでは未婚の母、非嫡出子は決して珍しくない。一八六九―一八七五年の六年間について見ると、非嫡出子が出生数に占める割合は、低い年で七・〇三%、高い年で七・四八%、平均して七・三〇%に及ぶ。それはとりわけ大都市で高い。一八六一―六五年の五年間について見ると、アルデッシュ県やガール県など農業県では二・七%、二・八%と低いのにたいして、パリを抱えるセーヌ県は二六・三%、リヨンを県都とするローヌ県は一四・〇%と高いことがそのことを表している。セーヌ・アンフェリウール県（現在のセーヌ・マリティーム県、県都はルーアン）は一二・一%で三番目に高い。

オディガンヌが指摘するように、ルーアンは未婚の母が多い。人口史家バルデによれば、一九世紀前半に非嫡出子が出生数に占める割合は二〇%を超えた。一八三〇年、一八四〇年、一八五〇年、一八六〇年、一八七〇年の五年について出生証書で見ると、その割合は表5（略）のごとくそれぞれ二〇%前後に及んでいる。そしてこれら未婚の母は、同表（略）に見られるように、大多数はお針子、綿工業労働者、日雇い、召し使い、洗濯婦など労働者、被雇用者である。そしてこれら母親は若い。一八―二五歳がそれぞれ四七・三%、四九・六%、五〇・

六%、五八・一%、五九・七%を占める。大多数が三〇歳以下であった。そして彼女たちは貧しい。

労働者でもとりわけ貧しいのは女子労働者であった。「女は絶対的にも、また生満費に対しても賃金は最低である。未婚の女子は、男子よりはるかに貧しく、正しく貧窮の状態にある」。一八三〇年代の工業都市労働者調査で知られる医師L・R・ヴィレルメはその調査報告でルーアンの女子労働者についてこのように記している。そして女子労働者の多くが結婚しない最大の理由は彼女たちもまた同棲の男たちも共に貧しいことにあった。

ルーアンのサン・フランソワ・レジス慈善協会は事実婚の男女に法律婚を勧める活動をしていた。そして市はその活動に年間四〇〇フランの補助金を出していた。その協会の会員は「私たちはためらうことなく貧乏人の結婚は不可能と見なしている」と述べている。なぜならば法律婚には費用と手続きが必要であるが、貧乏人にはそれが障害となっているからである。「そのため貧乏人は大人も子供も生涯悪口を言われ除け者にされて生きていかねばならない」。織物工のヌワレも同じことを回想録に記している。かれ自身もおそらく結婚していないが、かれの周りには多くの未婚者がいたことであろう。「労働者の収入は生活費にも足りない。当然窮乏生活を余儀なくされ、そのため結婚に必要な金を貯めることができない。そして二人は不幸になることを恐れ、将来を心配して結婚を延期してしまう」。捨子に非嫡子が多いのは、貧しさゆえに結婚しない二人がやはり貧しさゆえに子供を施療院に入れてしまうからであろうか。やはりヌワレによれば、娘=母たちが子供を施療院に入れるのは子供を養育することができないと考えるからであり、また辱めを受けるのが怖いからであった。

七

「一八三〇年八月から一八三二年初めまで一八ヵ月間港でも工場でも仕事がなくなり、労働者大衆は賃金収入を失ったままであった。その点にこそ一八三一年に捨子が増加した原因がある」。県議会議員P・S・ルロンは県議会でルーアンの労働者と捨子について報告しこのように述べている。事実、表4（略）に見られるように、一八三一年に捨子が急増し、その数は九四三人に上った。市議会では同年六月、工業と商業の沈滞、それに伴う労働者階級の貧窮、病人の急増、病気の親や生活困窮の親の捨子の増加などについて報告された。そして同議会は施療院に臨時補助金を出すこと、また次年度の補助金を増額することを決めた。

一八三一年の経済危機は、一八二九年に始まった経済危機が翌年の革命に伴う経済混乱によって深まったものと見てよかろう。一八二九年一一月ルーアン市議会では税収入の減少が報告され、それは食品価額の上昇、工業の沈滞、労働者の賃金低下によるものと説明された。事実、この年のパン価額の急騰は表（略）に示されるとおりである。

一九世紀前半の経済危機は、この年の経済危機に限らず、パン価額の急騰を伴って生じている。たとえば表（略）に見られるように一八三九年にパン価額が急騰している。そしてこの年原綿消費量が急減した。これは綿工業不況を表していた。ルーアン市議会では同年八月工業生産と商業活動が減退していることが報告され、それはパン価額の騰貴及び馬鈴薯の不作によるものと説明された。そして翌年五月市議会で、工業の沈滞と食品価額の高騰で労働者階級の窮乏が広まったことが報告された。ただし注目すべきことにこの都市には捨子が急増していない。

一八三一年に捨子が急増したことはすでに述べた。この年に限らず、一八二九年でも、また一八一二年、一八一七年でも表（略）に見られるように、パン価額騰貴の年には捨子が急増している。ところが、一八三九年でも一八四六年でもパン価額は高騰しているけれども、捨子は急増していないし、しかも一八三四年以前と比較してはるかに少ない。一八三三年を画期にして捨子数の動態に変化が生じている。一八二八―三二年の五年間の捨子の年平均は八三六人、一八三三年が六六四人、そして、一八三四―三八年の五年間の捨子の年平均は五五六人、一八三九年は五二九人である。

一八三三年以降どのような変化が生じたのであろうか。労働者の生活が全般的に向上したのであろうか。

八

『フランス第三共和政期の労働者問題及び工業問題』（一九〇七年）の著者エルネスト・ルヴァスールは、一九世紀の労働者の賃金について、七月王政期は緩慢に上昇、第二帝政期は急上昇と説明している。そしてこの著名な経済史家の計算によると、賃金指数は、一八〇六年を一

○○とすると、一八三○年に一○七・五、一八五○年に一二一・五、一八六○年に一三九、一八七○年に一六三、一八八○年に一九九と上昇した。事実、労働者の賃金はこのように上昇したのであろうか。

すべての労働者の賃金が一様に上昇したわけではない。『フランス第二帝政期の労働者の生活』の著者ジョルジュ・デュヴォが、第二帝政期の労働者について、高賃金の特別グループ、かなり良いグループ、低賃金の不幸せグループに分けているように、賃金は明らかに格差があった。そして労働者の大多数は不幸せグループであったろう。一八六一年に作成されたルーアンの世帯主課税統計表には、賃金労働者、家内労働者を第一グループ、自営単独職人を第二グループ、事務員、店員、年金生活者、警察官、下級公務員などを第三グループとして分類されている。第一グループは納税者は一一％で他のグループより断然少なく、しかも課税を免除されている世帯主一万六五九七人のうち五七六八人は極度の貧窮者、一万八二九人は貧窮者と説明されている。労働者の大多数は貧窮者であった。

賃金に関してもう一つ重要な問題は、ルヴァスールにしても、デュヴォにしても、賃金の算出対象から賃金収入を失った失業者が除外されていることである。

『女子労働者』（一八六一年）の著者ジュール・シモンは労働者の大敵として病気、失業、老年を挙げている。事実、労働者の罹病率は高い。一九世紀の都市社会をしばしば襲ったコレラの患者は労働者に集中していて、社会病と言われる由縁である。流感の患者もとりわけ「貧窮階級」に多い。そして病人は失業を余儀なくされた。また一九世紀を通して経済危機が繰り返し起こり、その度に多数の労働者が失業した。一例を挙げれば、一八四七年の経済危機では、ルーアン救貧事務所の公的扶助を受けた貧窮世帯は男女合わせて三二○三人に上った。その多くは、後に述べるように、紡績工、織物工、日雇い、職人労働者、糸巻女工など労働者であった。

一九世紀を通して労働者の大多数は、病気、失業、老年に脅える貧窮者であったと見て誤りなかろう。「貧窮者」と呼ばれて登録され救貧事務所の公的扶助を受けた世帯主が多いことがそのことを示している。それではすでに述べたように一八三三年を画期にして捨子が減少するのはなぜであろうか。

慈善施設監察長官Ａ・ドゥ・ヴァトヴィルは、一八五六年に内務大臣に提出した報告で、捨子減少の原因として、出生数の減少、娘＝母の在宅救護、捨子受入箱の廃止を挙げている。事実そうであろうか。

表6（略）のごとく、捨子が全国的に減少するのは一八三三年以降である。しかし出生数は表7（略）に見られるようにこの年を境に減少してはいない。ルーアンの場合を見てみよう。捨子はたしかに一八三四年以降減少しているが、出生数は減少しないでむしろその年以降若干増加している。捨子の減少の原因を出生数の減少に求めることはできない。

捨子受入箱に関してはどうであろうか。事実全国的に一八三四年以降受入箱が急減したことはすでに述べた通りである。ただしルーアンでは受入箱が廃止されたのは一八六二年である。その廃止が捨子の減少に作用することがあってもそのことを強調するのは慎まねばなるまい。

それでは娘＝母の在宅救護はどうであろうか。

内務大臣アドリアン・ド・ガスパランはすでに一八三七年に施療院はむしろ捨子を助長するものであると批判し、捨子政策は母親の在宅救護に代えるべきであると国王に進言している。「非常に貧しい女性でも、生まれて間もないわが子を養育できるほどの食物を援助してもらえるならば、女性はわが子を育てて手放すことはないであろう」。

母親在宅救護は一八四〇年代に全国的に普及した。一八五六年にこの制度が実施されている県は六六県に及んだ。他方実施されていない県も二二県あった。ドゥ・ヴァトヴィルは一八五六年の内務大臣への報告でこの制度は道徳的であり、また捨子を減らす確かな扶助のやり方であると述べている。同年五月内務大臣が全国の県知事宛に次のような通達を送っているのはその報告を受けてのことであろう。「自分の意思による捨子の防止にもっとも確実に成功する方法、したがって行政が実施すべき方法は、母親が貧しい子供を手放さないようにする救護である。その目的において道徳的であり、結果において有効であり、県にとって節約の源であり、県は捨子の減少によって経費を減らすことができる」。

セーヌ・アンフェリウール県は、おそらくこの通達を受けて在宅救護の試行を始めた。そして一八五八年七月県知事令によってこの制度を本格的に実施した。こうして非嫡出子であれ、嫡出子であれ、三歳未満の乳幼児を持つ貧しい母親に子供の年齢に応じて一月五〜八フランの手当が支給されることになった。一八六〇年以降の捨子の急減にこの手当支給の効果を認めてよかろう。

それではこの制度の実施以前、一八三四年以降に見られる捨子の減少はどのような原因に基づくのであろうか。

九

一八一七年一月市議会で、貧窮者、つまり救貧事務所の公的扶助対象者は四〇〇〇人を超したこと、教区の扶助対象者を加えると扶助対象者は六五〇〇人に及ぶことが報告された。市議会では、この報告を受けて救貧対策が審議され、公的扶助を続けること、また慈善作業場と呼ばれる土木作業場を開設することを決めた。この年は表8（略）のごとくパン価額が高騰した経済危機の年であった。捨子も急増している。

一九世紀を通して救貧対策は市政の根幹であった。一八三二―七〇年の市の予算支出のうち救貧対策費が三割を超えていることがそのことを示している。そのうち総合施療院への補助金が五割以上を占めていて、その額はこの間ほぼ横這いであるが、救貧事務所への補助金と慈善作業場経費は増大している。この両費目の増大こそ王政復古期と七月王政期を分ける顕著な違いであった。

七月革命以後とりわけ増額されたのは、表9（略）のごとく、慈善作業所への補助金である。この経費は一八二八年七月市議会で二万フランに決まったことが報告されている。それが一八三〇年代には約五万フランに増額されている。また救貧事務所への補助金は、その前半には二〇年代と同様に年に四万八〇〇〇フランであるが、後半には五万二〇〇〇フランに増額されている。それ以後の増額については表10（略）に見られる通りである。しかも経済危機の年には、多額の臨時補助金が組まれ、実際の経費は予算額を大幅に上回った。

救貧事務所は「貧窮者」として登録された住民に主としてパン、肉、薬品を支給した。薪、木炭、藁が支給されることもあった。登録者が多いのは救貧対策重視の表れである。その数は、一八三六年に七四四一人、一八四一年に七〇二三人に上った。それぞれ人口の八％、七％を超えている。一八四七年には男子登録者世帯主が一五六五人、女子登録者世帯主が一六三八人に上った。その多くは労働者であった。男子は、紡績工と織物工だけで二七％を超し、それに日雇い、職人、靴工を含めると六二％を占めた。女子は、糸巻工だけで半数を超え、それに日雇い、お針子、洗濯婦を加えると七八％に及んだ。

救貧事務所登録者には男女ともかなりの数の身体障害者を含む。他方、慈善作業所登録者は、整地、運搬、清掃などの土木作業のできる壮健者である。高齢者も含まれるが、多くは失業労働者である。経済危機のさいにその数が急増するのはそのためであった。一八三一年の場合を検討してみよう。

一八三〇年七月パリで革命勃発。ルーアンの新市長アンリ・バルベは一二月初め市議会で経済不況及び窮乏労働者の増加に言及し、市営作業所の登録失業者は今や六〇〇〇人に上り、しかもその数は増加傾向にあると報告した。知事は労働者階級の窮乏に備えるよう市当局に要請した。市議会は、失業労働者への現金支給ではなくて、慈善作業所の授産事業でその要請に応じるよう決めた。登録者は一二月半ば一八〇〇〇人に増えた。市議会は経費増大に対処するために、土地税及び戸窓税、営業税に五サンティーム、人頭税に一五サンティームの付加税を課すことを決めた。市長にも議員にも失業の拡大は必ずや騒乱を引き起こすこと、またこれまで経済危機が政治的混乱の原因になってきたという認識、不安があった。騒乱防止のために労働者階級に仕事を与えねばならなかった。現金支給は論外であった。それは労働者を怠惰にし、騒乱の元になるという理由からであった。

翌三一年に経済危機はさらに深まり、一月には作業所登録者は二七〇〇〇人に増え、週当たり経費は八〇〇〇〇フランに上った。その後経済危機は弱まったが、それでも五月末の登録者は一四〇〇〇人を超えた。六月末市議会と商工会議所は合同会議を開き、工業労働者救済のための政府補助金二万五〇〇〇フランを慈善作業所経費に充てることを決めた。またその会議で、経済危機によって労働者階級の窮乏が広まり、病気と死亡が急増していると報告された。

景気が回復すると、雇用が拡大し、登録者が減少する。翌三二年三月の登録者は三〇〇〇人で、しかもその大部分は高齢者であった。

市長は一八四七年一月経済危機のさなか市議会で市営慈善作業所を「労働者のための救護作業所」と呼んでいる。事実、以上のように、この授産事業は七月革命以後失業労働者対策事業の性格を強めた。それは労働者にとって失業時の一時的避難所であった。労働者は、工場や港湾、建設などの民間企業の仕事を求めた。労働者を産業労働に向けるために市営作業所の日当を低く抑えていると市長が述べているように、その日当は男女ともに紡績工の通常の一日当たり賃金の二分の一以下であった。

一〇

以上のごとく、七月王政以後の特徴は、社会扶助、とりわけ救貧在宅援助と授産事業が推進されたことにある。その扶助が労働者の貧困、不安を緩和したことはまちがいあるまい。そして一八三一年以後経済危機の時期と捨子急増の時期が合致しなくなったのはその表れであると理解してよかろう。

捨子は一八三三年以降減少し、すでに述べたように在宅救護の実施によって一八六二年以降さらに減少する。しかもこの時期に「見つけられた子供」、つまり親が不明の捨子が激減している。他方、「捨てられた子供」、つまり親が明らかな捨子が増えている。なぜであろう。

この捨子動態の変化は全国的傾向であった。一八六一年に「見つけられた子供」が四万二一九四人であったものが、一八七二年には六九〇七人に減少している。他方、「捨てられた子供」はこの間に二万六一五六人から四万六一九三人に増加している。この動態変化について『フランス統計』（一八七六年）は次のように説明している。「この両年の比較から分かる非常に注目すべき事実は、見つけられた子供の数の大幅な減少、またその減少に相当する増加ではないが、捨てられた子供の数の非常に顕著な増加である。このような逆方向の二重の動きが生じたのは、捨子受入箱の廃止以降、子供の遺棄を望む母親は届けを義務付けられるようになったが、それを嫌がって自分自身で遺棄しないでその届出を第三者、一般に助産婦に任すようになったからである。このためこれまでの見つけられた子供が捨てられた子供のほうに分類されるようになった。

ルーアンでは捨子受入箱の廃止とともに捨子受入事務所が開設されたことはすでに述べた。ルーアンでも一般に身元証明のできる助産婦が母親に代わって事務所に捨子の申請をしたのであろう。しかしこれまでと異なって事務所は受け入れた捨子の出生証書の作成が義務付けられていた。そこには親の氏名、住所、職業が記載される。

捨子の親の身元が分かるようになった。ただし一般に男親は不明である。母親はやはり労働者が多いのであろうか。大多数は未婚の母であろうか。

表11（略）を検討してみよう。母親の大多数が未婚である。一八歳未満の若い娘も多い。また母親の多くはお針子、日雇い、綿工業労働者、洗濯婦、下着縫製工など労働者である。これらの点は、すでに述べたように、一

八三〇年の場合と同じである。ただしこの年と対比して違いもある。一つに綿工業女子労働者の数が著しく減少している。一八三〇年にはすでに述べたように綿工業女子労働者が五〇％を占めていたが、一八六三年以降その割合は一〇％にすぎない。逆に召し使いの占める割合が増え三分の一に上がっている。ドゥ・レリュの表現に倣えば主人の暴力的誘惑に屈した召し使いはいぜんとして多いということであろうか。他方、綿工業女子労働者について言えば、綿工業労働者の住民が減少したということも考慮しなければならないが、また救貧事業、授産事業、在宅母子救護などが、労働者の貧困、不安を緩和し、そしてその点に綿工業女子労働者の捨子が減少した原因を認めてよかろうか。

（岡山大学文学部『比較家族研究』所収、二〇〇三年三月）

ETUDES NORMANDES
Revue trimestrielle - No2 - 1988

ENFANTS ABANDONNES, SOCIETE ET POLITIQUES SOCIALES A ROUEN AU XIXe SIECLE

Yannick MAREC
Université de Rouen
Ritsu MOTOIKE
Université d'Okayama - Japon

Au début de 1848, les membres de la commission administrative des hospices de Rouen décident de faire imprimer un rapport adressé au préfet en 1847 et favorable au maintien du *tour* de I'Hospice Général. De fait, Rouen a été I'une des dernières grandes villes du XIXe siècle à garder un tour, celui-ci n'ayant cessé de fonctionner qu'en 1862 et la suppression officielle n'intervenant qu'une dizaine d'années plus tard, en 1873 ! (1). Le tour se présentait sous la forme d'un tourniquet muni d'une sonnette et devait supprimer l'exposition des enfants abandonnés aux intempéries et done limiter la mortalité des nouveauxnés.

Comment peut-on expliquer cette date de fermeture si tardive alors que le système du tour a fait l'objet de vives critiques dès les premières décennies du XIXe siècle ? Pour réondre à cette question il convient de situer le problème de l'abandon dans le contexte social de l'époque et dans celui des pratiques d'action sociale suivies à Rouen durant les trois premiers quarts du siècle.

Dans cette perspective, nous décrirons dans un premier temps, le mouvement des enfants abandonnés en donnant des indications sur la mortalité des jeunes êtres. Puis nous préciserons la condition et l'origine sociale des mères qui abandonnaient leurs enfants. Enfin, nous aborderons les débats sur le maintien ou la suppression du tour en dégageant la signification de l'évolution des dispositions adoptées en matière d'abandon.

第五章　フリーメーソン

はじめに

三〇年ほど前になるが、フランスのフリーメーソンの本部グラン・ドリアンは、一八四八年の二月革命によって樹立された臨時政府について、この政府は「基本的にフリーメーソン会員によって構成されていた」、「フリーメーソンは臨時政府の真の接合剤となっていた」、とラジオ放送で述べたことがある。歴史家はこれまでこの指摘を取り上げたことはなかったし、今のところ二月革命とフリーメーソンとの関連を主題にした実証的な研究成果は見当たらないので、この指摘の真偽を確かめることはできないが、ある歴史家は、フリーメーソン史の代表的な概説書のなかで、臨時政府の閣僚のうち二人を除いて、閣僚の多くはフリーメーソンと繋がりがあったと述べていることからも、臨時政府とフリーメーソンとの間に少なくとも人的繋がりがあったことは事実として認めてよいのであろう。もしそうであるならば、二月革命とフリーメーソンとの関わりを主題とした研究を行うことによって、二月革命史研究に新しい視野を開くことができるものと期待できるのではなかろうか。

本稿は、このような想定のもとに、フランス産業革命期の代表的工業都市であるルアンについて、七月王制期と第二共和制期におけるフリーメーソンの組織、社会意識、社会運動などの動態を検討したものである。つまり、七月王制→二月革命→第二共和制という過程のなかで、ルアンのフリーメーソンがどのような軌跡を辿ったかを検討することによって、ルアンのフリーメーソンと二月革命との関わりをこの過程のなかに位置づけようとしたものである。

1　七月王制期のフリーメーソンの発展

一

　七月王制期のルアンには次のようなロッジがあった。Constance Eprouvée（「試練に耐える堅実」とでも訳すべきか。以下このロッジは『堅実』と呼称する）、Parfaite Egalisté（「完全な平等」、以下『平等』と呼称する）、Persévérance Couronnée（「帝王の忍耐」とでも訳すべきか。以下『忍耐』と呼称する）、Sincère Amitié（「真実の友情」、以下『友情』と呼称する）、Vérité（『真理』）、Arts Réunis（「綜合技術」、以下『技術』と呼称する）。

「フリーメーソンは、慈善の実施、普遍的道徳・学問・美術の研究、並びにすべての徳目の実行を目的とする」。これら六つのロッジの規約にはそれぞれこのように記されているように、フリーメーソンは、本来、道徳の研鑽と実践を目的とする慈善集団であった。「本源的な言葉、いわば聖書の言葉で道徳や哲学が語られる。服装、装飾、動作、形式、すべてが心に向かって語りかけてくる。すべてが劇的で哲学的である」。入会してまもない一人の会員（F・デシャン）は、ロッジ内部の倫理的雰囲気に感激してこのように述べている。また外部ではフリーメーソンがしばしば「娯楽団体」と見られていることについて、それは偏見だと反論している。ただしすべての会員が、この会員のようにフリーメーソンの倫理性に共感し、それを求めているとは限らなかったようだ。ある者はこの慈善集団とそれぞれの会員の関わり方について次のように説明している。「フリーメーソンは、ある人たちにとっては、その時の必要や当人の苦痛などを考慮しながら、施し物について話しあうたんなる慈善団体にすぎない。またある人たちにとっては、玄関の外に出てしまえばお互いに忘れてしまうのに、たんに個人的利益だけのための関係を持つ権利を同志という名によって得る一つのクラブにすぎない。またある人たちにとっては、たびたび開かれる親睦の場であり、有益でまじめな営為がほとんどいつの場合でも喜びを与えてくれる場である」。こうして会員たちはそれぞれの期待をこめて集まり、規約に従って組織を運営した。それではこれら会員はどのような社会層に属していたのであろうか。

　各ロッジの規約はともに会員の資格として、「理性を鍛えるに必要な教育水準」を有し、「自由、且つ尊敬される地位」にあることを要求している。つねに生活を脅かされ教育の機会に恵まれない多くの農民や労働者は、資格を問われ、排除されざるをえない。しかも会費の高いことがフリーメーソンの社会的閉鎖性を一層強めていた。

入会金、並びに年会費はロッジによってそれぞれ異なる。『技術』は一八二九年と一八四〇年の規約によって、入会金は一三二フラン、年会費は一二〇フラン、『真理』は一八四四年の規約によって入会金は一三〇フラン、年会費は八八フラン、『堅実』は一八三五年の規約によって入会金は八五フラン、年会費は七二フラン、『平等』は一八二八年の規約によって入会金は一二〇フラン、年会費は七二フラン、と定められていた。また『忍耐』の場合は、一八二八年の規約では入会金は一三八フランであったものが、一八四〇年の規約によって一〇八フランに引き下げられた。また年会費については「会費の最高額は毎年総会で定める」とあり、このロッジは社会的変化に対応することを重視した。これら入会金、年会費は、当時例えば紡績女工の平均的日給が二フラン前後であったことを考慮するならば、労働者家庭では払えそうにない高い額であったことを知ることができよう。しかも会員はしばしば募金に応じねばならなかった。このように会員はかなり多額の出費を義務づけられることから、会員の社会的枠組みは自ずと制限されざるをえなかった。

第Ⅰ表（略）は各ロッジについて職業別に会員数を示したものである。ロッジによって若干の差はあるが、会員の多くは、商人、地主、親方職人、工業経営者、飲食業者、弁護士などのブルジョアによって占められていることがわかる。しかも制限選挙制のもとで、選挙資格者の会員も少なくない。会員名簿表と『ルアン名鑑』（一八四七年刊）に記載された選挙資格者リストを照合してみる限り、一八四七年に『堅実』では一三人、『技術』では二七人、『忍耐』では二〇人、『友情』では一一人、と選挙資格者会員を認めることができる。

A・ブトン氏とA・コルバン氏は、それぞれル・マンとリモージュについて、フリーメーソンはブルジョアの集団であることを明らかにしている。ルアンについても同様であったことは以上の説明から確認できよう。そしてそれは会員にとって自明のことであった。

「われわれはブルジョアである」。一八四六年六月に開かれた『忍耐』の集会で、一人の会員はこのように述べて会員に階級的自覚を促した。ただし階級的閉鎖性を強めるように言っているわけではない。むしろそのような閉鎖性に対して反省を促そうとしたものであった。そしてじつはその主張に示されているのであるが、この時期のルアンのフリーメーソンの特色は、以下に述べるごとく、そのような閉鎖性を反省し、階級的枠組みを超えて、労働者大衆に向けて活動を活発にしたてんに認めることができるのである。それはまず会員の増加を伴っていたことを明らかにしておこう。

二

各ロッジの会員数は、パリ国立図書館所蔵の会員名簿表によれば、それぞれ第Ⅱ表（略）に示す通りである。ただし『忍耐』については、『ノルマンディーのフリーメーソン通史（一七三九―一八七五年）』の著者ド・ルシェル（フリーメーソン会員）は、一八三〇年七〇人、一八四二年九四人、一八四五年一一四人、一八四六年七四人、一八四九年五九人、と記している。また一八四二年一月の定例会議では、会員数は八四人、その内訳は正会員五五人、移籍会員一四人、名誉会員一五人、と報告されている。どちらと比較するにしても、会員名簿表に示された会員数の方が少ない。この名簿表は、各ロッジが、会員氏名、住所、生年月日などを記入してパリの本部（グラン・ドリアン）に送付したものであるが、ロッジは必ずしも全会員の氏名を記入したとは限らなかったようである。ル・マンのフリーメーソンに関する研究を著したA・ブトン氏は、名簿表に示された会員数は、実際よりもはるかに少ないものであったこと、例えば一八三〇年代半ばに記入洩れの会員は約一〇〇人にも達していたことを明らかにしている。外部に対して会員の氏名を隠すためであろうか。名簿表の会員数に応じて納付金を課せられるので、納付額を少なくするために、たぶん本部に虚偽の報告をすることもあったのであろう。ともかく、正確な会員数を知ることは困難であるにしても、会員名簿表から、会員数は明らかに増加の傾向にあったことがわかる。そのことは他の史料によっても確認できる。

「フリーメーソンは一日一日大きく飛躍しつつある」。雑誌『友愛』（ルアンのフリーメーソンの月刊雑誌）の編集主幹となったTh・ルブルトンは、一八四二年一二月にルアンの状況をパリの本部にこのように伝えた。またその頃、『忍耐』の定例会議では、会員数が著しく増加したこと、そして「このような繁栄の状態は一層強まる傾向にある」と報告された。また『堅実』については、本部への報告の中で、一八三四年にそれまでの「完全な混乱」を脱して、それ以後「繁栄の一〇年間」を経験したと記されている。なかには『友情』のように年々衰微し、七月王制末期には「休眠状態」に陥ったロッジもあるが、この時期に会員は全体的に著しい増加の傾向にあったことを確認しておこう。その数は、正会員の他に準会員を含めて、一八四〇年代半ばにおよそ五〇〇人に達していたものとみてよかろう。

会員の増加は、入会金並びに年会費の増加を伴い、組織の財政収入を潤すことになった。「秩序と調和が蘇った。驚くべきほどに財政が回復した」。『堅実』はパリの本部にこのように伝えた。また一八四二年一月に開かれた『忍耐』の定例会議では、「これまでと同様に満足すべきものである」と報告された。このロッジは、ド・ルシエルによると、一八二五年には四〇〇〇フランもの赤字であったものが、一八三八年と一八四九年には、それぞれ五〇〇〇、七七〇〇フランを超える黒字を出している。一八三〇年代半ば以降、ロッジの財政が好転したことを知ることができよう。そして、新入会員の増加、それに伴う財政の好転は、以下に述べるように、フリーメーソンの活動に活力を与えることになった。

三

一八四一年一〇月に『技術』、『忍耐』、『真理』の三ロッジは集会堂の合同落成式を祝った。「このような盛大な祝賀式に集まった三ロッジ連合の同志、並びに他のロッジの同志の皆様の献身的な協力の中に、われわれはルアンのフリーメーソンが迎えた新しい時代の始まり、会員相互のより親密な連帯の兆しを見る」。二年後の二周年記念式典で主催者はこの集会堂建立の歴史的意義をこのように述べた。会員の間には特定ロッジへの帰属意識を超えた会員相互の連帯感が強まった。また本来の友愛的目的の意識、使命感の高揚を伴って組織全体に活力が生じた。「ロッジではより良い傾向を認めることができる。会員の活動はより勤勉、より規則正しく行われるようになった」。雑誌『友愛』は当時の状況をこのように記した。ルアンのフリーメーソンはたしかに「新しい時代」を迎えた。

「新しい時代」を導いていったのは「公開支持派」と呼ばれる革新派であった。その中心的指導者はL・P・デソー（『忍耐』所属、弁護士）である。彼は集会堂建立二周年を迎えた年に、『フリーメーソンの起源、進歩、並びに傾向に関する小論』という小冊子を著し、会員はロッジの内にとどまって戒律の研究をするにとどまることなく、更に積極的に外に出て教義の実践を行うように訴えた。このような主張には当然保守派の抵抗があった。「フリーメーソン教団は普遍的道徳の研究を目的とする」。指導者の一人Ｓ・ベソン（『忍耐』所属、材木商）はこのように会員に語って革新派の主張を批判した。その後もこのような保守的慎重論は絶えず繰り返されるのであるが、革新派は保守派を抑えて気勢を強め、以下に述べるように、外部に向けて活発な働きかけを興した。

四

ついにこの時が来た
思慮のある人はすべて
地平線に輝く進歩の陽光を運ぶ善意に
手を差しのべる時が
美しい空に向けて

一八四三年一月に月刊誌『友愛』が創刊された。当時労働者詩人として名を知られていたテオドール・ルブルトン（『忍耐』所属）が編集主幹となった。彼は創刊の辞で「新しい時代」の意気ごみを右のように詠んだ。

この雑誌の発行の意義は、一つに、ロッジの枠を超えてフリーメーソン会員の連帯を強めたことにあった。創刊にあたっては、『忍耐』、『平等』、『技術』の三ロッジが共同で主要な役割を果たし、その他『堅実』と『真理』からは数名の会員が発起者に加わった。雑誌には各ロッジの行事や活動、集会での会員の発言が紹介された。注意すべきことに、発言は主としてフリーメーソンの理念を訴える革新派のものであった。そしてこれ以後この雑誌は革新派の機関誌的役割を果たすことになった。しかも読者は会員だけにとどまらないで外部の人も少なくなかった。革新派の主張や活動の様子はこの雑誌を通じて外部にも伝わることになった。逆に言えば、革新派にとって雑誌発行の眼目はそこにあった。

翌年九月には、『技術』、『忍耐』、『堅実』、『真理』の四ロッジは共同で「中央救済金庫」を設立した。これは窮民の生活救済を目的とする慈善組織で、その救済活動や、また舞踏会、富籤などによる募金活動は、援助を受ける窮民＝労働者大衆だけでなく、舞踏会や富籤に集まる外部のブルジョアにもフリーメーソンの存在を印象づけた。とくに富籤は多くの「俗人」を集め、これら外部の人と会員の間で「かつてない交流」が行われたと、この企画の成功を『友愛』は伝えた。ルアンの自由主義的文芸雑誌『ルアン評論』もこの企画に関心を寄せ、この会の盛況を伝えた。会場では富籤だけでなく、L・P・デソーや、Th・ルブルトン、F・デシャンなどの革新派知名人が演説や詩の朗読を行って参会者に協力を訴え理解を求めた。フリーメーソンを宣伝する絶好の場でもあった。

ただしこのような「外向化」に対して保守派の抵抗があった。「教義を俗人に公開することの有効性をめぐって会員の間では意見が分裂している。一方は組織は絶対的神秘に包まれていなくてはならないと主張するとともに、出版物や、会員が教義の一部を広める集会に反対する。他方は逆に、組織の秘密の形式は尊重しながらも、会員が外部の人びとと接触を持つことを有益、必要不可欠と考える」。「外向化」をめぐる内部の意見対立について雑誌『友愛』はこのように伝えている。

しかし一八四五年以降、保守派の批判は続いたが、革新派はそれを圧して気勢を強め、一層活動を広げた。「世俗世界に入っていこう」。F・ボドリ（『忍耐』所属、弁護士）のこのような呼びかけは、当時の革新派のスローガンとして、会員の使命感に訴えかけて多くの会員の共鳴を得るようになった。それではこのスローガンに端的に示される革新派の主張、あるいは「外向化」の基礎となる改革理念や社会認識はどのようなものであったろうか。まず革新派の主な発言を列挙してみよう。

「フリーメーソンは社会秩序に対して健康的で大きな影響を及ぼすことができると思う。そのためにはフリーメーソンがどのようなものであるか、よく理解され、よく教えられねばならない」（L・P・デソー）。「われわれはこれから個人道徳と社会道徳を造り出さねばならない。社会を建設せねばならない」（H・ボドリ）。「時は移っていく。それとともに人間の知性も。そして社会機構を支えるのに役立っているすべてのものが造り直され修正される必要に迫られているのを見る時、われわれは次のように叫ばざるをえない。否、フリーメーソンだけが留まったままでいることはできない。否、フリーメーソンはその強い光を帳の襞の中にいつまでも隠しておくことはできない」（Th・ルブルトン）。「会員たちは、社会秩序の改善を効果的に行うためには、まず自分たちの内部の制度を改めることから始めねばならないことを理解した。そこから改革の叫びが起こり、それはあらゆる方角に響き渡った」（Th・ルブルトン）。

以上のごとく、革新派は、社会機構の改革、新しい社会の建設を現実の課題とし、それを訴えた。この課題は現実社会に対する批判に基づくものであった。以下、彼らの社会認識、並びに社会批判を検討してみよう。

五

「心の病が密かに社会を侵蝕している。日ごとにその力を裂き、弱めている。この病、それはエゴイズム、下劣で冷酷なエゴイズムである。これは他のすべての害悪の根源であるから、われわれは必死になってこれと戦わねばならない」。ある会員はこのように述べている。エゴイズムという病魔が社会を蝕んでいるという社会認識は、この会員に限らず、革新派に共通したものである。例えばF・デシャンは、入会してまもない一八四三年八月に、彼の所属する『忍耐』の会員を前にして、外部の世俗社会とロッジの内を対比しながら、次のように述べている。

「外部では、利害の喧騒、卑しい私情のエゴイズム、偏狭な競争の非情、くだらない喧嘩やさもしい憎しみのとげとげしさ、こうしたことが皆さんを取り巻き締めつけている。他方内部ではすべてが変わる。根源的な言葉、いわば聖書の言葉で道徳や哲学が語られる」。「初めてロッジの敷居を跨いだ者にとって、誠実な人、献身的な人、私利私欲のない人が今でもなおいるのだと思うことは心の慰みである」。このエゴイズム批判は、産業都市、物にのみ心を奪われ商業主義に毒された都市、つまりルアンの社会に向けられたものであった。そしてこのような社会批判は更に社会の支配階級にまで及んだ。

「現実社会の傾向について述べたい。中間階級は、他の至る所と同様にロッジでも多数派を形成しているが、自分たちの取得したものに満足してしまっていて、自分たちの過去についても未来についてもなおざりにしているように思える。彼らは社会組織の諸問題に心を煩わすことをしない。彼らにはもはや一つの考え、つまり彼らの物質的利害に対する考えしかないのだ。エゴイズムが原則になっている。各々は自分のために！」。L・P・デソーはエゴイズムを反社会的と非難するとともに、「中間階級」をその体現者としてこのように批判した。「中間階級」とは言うまでもなくブルジョアジーのことである。

以上のごとく、革新派には、フランス革命と産業革命を契機に社会の支配階級として成長しつつあるブルジョアジーに対する批判があった。ただし彼らが不当に富裕を享受していることを批判したのではなくて、彼らの道徳性を批判したのである。そしてこの批判は、以下に述べるような労働者大衆への共感と対を成すのであるが、この両面とも彼らの平等観と関わっていた。あるいはこの平等観こそが彼らをブルジョア社会批判へと導いた基本的社会理念であったと言ってよかろう。

六

何と偉大で高貴な思想がこめられていることであろう
この会食には
家族となって食事に寛ぐ
友愛の精神によって結ばれ
そして会員の額には平等の象徴が光る

ロッジではしばしば会食がもたれた。この会食は「儀式的性格を帯び、それによって深い意味を持つ」べきはずのものであった。しかしそのようなことに無頓着な会員も少なくなかったのであろう。Th・ルブルトンはそのような会員を戒めて会食の精神を右のように詠んだ。

この韻文から、蠟燭の灯で照らされた広間に集まった会員たちが、「平等の象徴」を額にしながら、御馳走と歓談を楽しむ様子を思い浮かべることができるのであるが、それにしても「平等の象徴」とは何であろうか。

フリーメーソンでは意味の伝達はしばしば象徴によって行われる。ルアンのそれぞれのロッジの規約には、コンパス、定規、水準器の三種の測量器具を組み合わせた図柄の印章を認めることができる。初めてこのようなものを見る門外漢には異様に思えるのであるが、じつはこれら測量器具は、木槌、鑿、槓杆などとともに、フリーメーソンの象徴具であって、クセジュ文庫の『フリーメーソン』の著者P・ノドン氏の説明によれば、コンパスは探究における慎重さ、定規は実行における精確さ、水準器は知識の正しい利用を意味するという。しかし当時ルアンでは、これら器具に別の意味がこめられていたようだ。

一八四五年八月に行われた祭礼の席で、『真理』の助任説教師は、「平等は地上から追放されてしまったとしても、フリーメーソンの神殿の中では再び取り戻されねばならない」と訴えるとともに、平等の象徴について次のように述べている。「水準器は、すべての人間、とくにフリーメーソン会員の間で存在せねばならない完全な平等の象徴である」。水準器についてこのように説明したのも、この説教師には平等こそがフリーメーソンの主要な理念であるとする考えがあったからにほかならない。そしてこのような平等理念は彼だけのものではなかった。

この会員はわれわれの兄弟である
この集会堂のなかでは平等がある

Th・ルブルトンは会員の葬儀で詠唱された追悼の辞の一節でこのように詠んでいる。ここにも示されているように、この労働者詩人には、会員は、いったんロッジ、あるいは集会堂に入ると、社会的地位や貧富の別け隔てを忘れてお互いに平等で兄弟でなくてはならないという考えがあった。会食は同じ心遣い、同じ慈善の心をもって集まる別け隔てのない場でなくてはならなかったし、お互いに分け合って食べるパンは友愛を表し、お互いに酌み交わすブドウ酒は連帯を表すものであった。そしてこの詩人がブルジョアに向かって次のような戒めを与えて

いるのも、上に述べた彼の平等理念に基づくものであった。「世俗世界ではしばしば財産の特権に付き物である傲慢さや虚栄心はこの神殿では完全になくさなくてはならない。かつての主人と奴隷の関係を想起させるようなものは、この神殿ではすべてなくさなくてはならない」。

貧乏人も金持ちも平等でなくてはならないという考えは、財産あるいは物質的条件の不平等を既存事実として認めたうえで、そのような不平等に関わりなく、人間は平等であるし、また平等になりうるという考えである。つまりそれは社会的物質的平等を意味するのではない。それでは彼らの言う平等とは何か。

「目的を共にするならば、皆さんは皆さんに求められている友愛の意味をもっとよく理解されることでしょう。つまり見解、感情、努力の友愛ということであり、この博愛はその倫理性によって尊敬すべきものであり、また力強いものなのです。そうすれば皆さんはこの平等、つまり地位や財産を同一にするということよりもむしろ魂の質や心の徳に基づく平等をもはや不可能なものとは考えないでしょう」。冬至祭礼でE・ドラポルト（『平等』所属、商人）は友愛と平等についてこのように演説を行い、雑誌『友愛』によれば、出席者に深い感銘を与えた。

ここに示されるように、平等とは、共通の目的で結ばれた同胞の相互に対等な倫理的友愛関係を意味していた。換言すれば、この平等観は、社会的地位が低く財産がなくとも、目的を共にし道徳的であるならば、そのような人ともフリーメーソン会員は友愛関係をもつことができる、同胞になりうるという社会観であった。L・P・デソーはそのてんについて次のように明確に述べている。「フリーメーソン会員にとっては、本当の価値による差別以外の他の差別が同胞の間にあってはならない。フリーメーソン会員にとっては、貧乏人も金持ちも道徳的である限り同胞になるための平等の権利を持つ」。

しかもこの平等観はたんに社会観というにとどまらず、社会的主張でもあり、行動を伴っていた。革新派はこの平等観を繰り返し講述し説諭するのであるが、彼らには、この平等観に基づいて、貧困大衆=労働者とも同胞にならなくてはならないという友愛主義的主張があったのである。そしてそのてんに、以下に述べるごとく、「俗界」の一般ブルジョアとブルジョア集団であるフリーメーソンとの違いを認めることができる。

七

「労働者の知的解放などということは、ユートピア、心の病に罹っている者の夢、鷹揚な人の妄想のように思える。われわれの時代は労働者には純粋に物質的幸せしか与えることはできないのだ」。ブルジョア知識人の月刊文芸雑誌『ルアン評論』(一八三六年九月号)は、当時詩人として評判を高めつつあったインド更紗工場労働者テオドール・ルブルトンを紹介し、その一文でこのように書いた。またこの労働者詩人に共感を抱かないようにと読者への要望をつけ加えた。翌一八三七年にTh・ルブルトンは詩集『労働者の寛ぎの時』を著し、Ch・ポンシー、J・ルブール、A・ペルディギエらと共に、彼の名は労働者詩人として一躍全国的に名を知られるようになった。この時代の労働者詩人の多くが地方にとどまって詩作活動をしたように、彼もまたそれ以後もルアンの詩人として詩作を続けた。

世間のお偉方の目に
これからも彼は
悲惨な生活をお見せすることでしょう

いつも苦しみ悩んでいる
貧乏人の悲惨な生活を

詩集のエピローグでこのように記しているが、彼の詩には、「貧しい老人」、「孤児」、「貧乏人の不眠症」など、ブルジョア社会の陰で飢えと寒さに耐えて生きるルアンの貧しい労働者を主題としたものが多い。そしてそこにブルジョア文芸雑誌は詩集の危険性を嗅ぎとっていた。「精神がいくらか高ぶっている人、いくぶん鷹揚にできている人にはこの本はあまり勧めることはできない」。新刊の詩集を紹介しながら、推薦の辞を書くどころか、逆にこのように読者に警戒を促した。ただし詩集は、この雑誌の危惧をよそに、五年後に三版を重ねるほど多くの読者を得たのであるが、『ルアン評論』はその時この詩集を再度書評にとりあげ、読者の不安を鎮めるためであろうか、この詩集には金持ちへの報復や社会的抗争の意図はないので安心してほしいと書いた。

労働者大衆への侮辱意識、不安感は、『ルアン評論』やその読者だけのものではなかった。例えばルアンで最も多くの読者を持つ自由主義的日刊紙『ルアン新聞』の次のような社説の文章にも、労働者大衆に対してブルジョア階級が持つ差別意識や恐怖感を読みとることができる。「労働者階級は自己を制御できる何らの道徳的力を持たず、不平や要求を荒々しく示す。都市や農村の人びとは、混乱に惹かれるような情念も、政府に敵対しようなどという気持ちも持たないが、何か些細なることが起こっても苛立ち脅えている」。じつはこの社説は経済危機が強まった一八四六年一二月に書かれたものであるが、年があけて危機が深まるにつれてブルジョア階級の不安感、恐怖感は一層露わに募っていった。

「ルアンは多くの労働者を抱えているので最も危険な都市の一つである。苦しい窮乏生活が長引き、今や彼らは苛立ち激昂している」。五月初めにルアン市長は、貴族院が市債一五万フランの起債を認めてくれること、並びに市への補助金増額を政府に働きかけてくれるように県知事に依頼した。その中の手紙で市長はこのように述べている。ルアンにおいても、ルイ・シュヴリエの表現を借りれば、労働者階級は市長や県知事にとって「危険な階級」であった。それは一部の支配層に限ったことではない。

「周知のように、悲惨な状況が残酷にも貧困階級を襲っている」。「悲惨な状況が残酷にも困窮階級を苦しめている」。二月、三月、『ルアン新聞』はこのように経済危機の犠牲に喘ぐ労働者大衆の悲惨な生活を伝えながら、他方、「真の災禍」の防止を訴え、労働者大衆の救済を呼びかけて募金活動を行った。「真の災禍」、つまり困窮労働者の暴動への不安を訴えたのは、そのような不安感が綿工業都市ルアンのブルジョア層に共通してあったからにほかならない。そして労働者の挙動はたえず不安げに凝視されていた。『ルアン新聞』によれば、三月末にルアン近郊の紡績工場労働者が賃金の支払いを要求し調停判事に調停を求めておしかけたという知らせがルアンに伝わると、ルアンには労働者の暴動が起こったと伝わって人びとを不安にした。新聞は更に次のような危惧をつけ加えている。「労働者階級はこの地方で彼らが現在苦しんでいる不幸を犯罪的混乱によって一層酷くしないよう期待しよう」。また七月初めにアルザスの綿工業都市ミュルーズで労働者の暴動が起こると、『ルアン新聞』は、この事件を伝えて犯罪的行き過ぎと非難するとともに、ルアンの労働者に対して、同情と威しを混じえて、次のように不安を表している。「われわれの都市では労働者はしばしば苛酷な試練におかれたことがあったが、労働者はつねに冷静さ、諦め、分別を持っていることを示してきた。そのことを評価し、称賛しすぎることはない。われわれは彼らの秀れた気質に万全の信頼をおいている。しかしもし不幸にも彼らのなかに犯罪的示威行動に引きずられてゆく者が出てくれば、残念なことであるが、国民衛兵隊の介入によって彼らを秩序に連れもどすというようなことをする先に、より強力でより恐ろしい力を彼らに対して行使することになるであろう」。

八

「貧しい人、弱い人を救うために、才能と余力を使うこと、それこそが真のフリーメーソンの仕事である」。F・デシャンは多数の会員を前にしてこのように訴えた。これはたんに規約に掲げられた「慈善の実践」を主張したというにとどまらず、更にブルジョア批判、平等理念に基づきながら、貧困労働者大衆との友愛関係を進めていこうとする意図がこめられていた。

一八四五年八月、ルアン近郊のモンヴィルとマロネで、竜巻によって三工場が倒壊し、死者六〇人以上、負傷者一〇〇人以上を出すという惨事が起こった。ルアンのフリーメーソンはすぐに救援資金を募り、『技術』が三〇〇フラン、『忍耐』が五〇〇フラン、『真理』が二〇〇フラン、フリーメーソン中央慈善金庫が一〇〇〇フランを被災地に送った。

この場合もそうであるが、救援活動は慈善金庫が中心となった。慈善金庫は通常は会員の寄附によって賄われたが、フリーメーソン主催の舞踏会や富籤からあがる収益も少なくはなかった。支出は多くは「不幸なフリーメーソン会員」への扶助金であるが、会員以外の困窮者に対する義捐金も相当額に達した。支出額は、一八四五年が四〇七〇フラン、一八四六年が二五〇〇フラン、一八四七年が三七七五フラン、一八四八年が二三〇〇フラン、一八四九年が一四〇〇フランである。一八四五年に多いのはモンヴィルとマロネに災害救援金を醵出したためであろう。それでは一八四七年の増加は何を示しているのであろうか。

一八四七年は繊維工業が恐慌に襲われた年であった。それに食料価格の高騰が重なって労働者大衆の生活は悲惨であった。この状況を伝えた『ルアン新聞』の記事はすでに紹介した。『平等』の会長E・ドラポルトは一月の定例会議で次のように労働者への救援も訴えた。「仕事と賃金の減少、食料の高騰、冬の厳しい寒さが、かつて同時に労働者階級を襲い、彼らの苦しみを三倍にした時、皆さんの心は強く動かされた。……今悲惨な状況がかつてと同じように至る所に生じている。どこの街を歩いても、私同様皆さんもたぶん多くの貧しい老女や病弱な貧しい女性に出会われたことでしょう」。『平等』はこの会議で貧困者への義捐金として三〇〇フランを醵出することを決めた。また『堅実』は二月末に舞踏会を開いて収益を義捐金に当てた。貧困労働者への救済活動はこの両ロッジに限らなかった。「不幸の多かったこの年にもまた、われわれフリーメーソン会員はすべての悲惨さを軽減する活動に熱心に協力した」。雑誌『友愛』（一八四八年一月号）は一年を振り返ってこのように記した。慈善金庫の支出が多いこともそのことを裏づけている。

一八四七年はこのように慈善活動が活発な年であった。また労働者との友愛が強調され実践された年でもあった。四月半ば、『忍耐』、『技術』、『堅実』、『平等』、『真理』の五ロッジは共同主催で労働者表彰式を行った。各ロッジが道徳的生活という規準で模範労働者を選び、会員以外の人を交えた多数の出席者を前にして五人の労働者を表彰した。そのあとで主催者を代表して二人の講演があった。L・P・デソーは、労働者は仕事を奪われ悲惨な生活をしいられているにもかかわらず驚くべき忍耐でそれに耐えている、と称賛の言葉を贈った。F・デシャンもまた労働者の倫理性を称えるとともに、労働者の生活を間近に知ることができたこの日の感動を述べた。二人の講演のあとでは、Th・ルブルトンが、労働者は、生活は辛いが、「思いやりの心と神聖な感情」の持ち主であると詩に詠んだ。五人の労働者の生い立ちや現在の生活も紹介された。

労働者は同情の入り混じったこれら称賛の言葉をどのように聞きとめたのであろうか。その反応はともあれ、主催者の意図は、L・P・デソーが述べているように労働者に対するフリーメーソンの共感の意を公に示すことにあった。そしてその意図は確実に伝わったようであった。『ルアン新聞』は翌日の第一面にこの式の模様を詳しく伝えるとともに、この式は労働者へのフリーメーソンの共感を示す「赫々たる標」となったと記した。

五月には、会員の熱意と周到な計画が実を結んで、保育所が開設された。「一二の幼児ベッドを備えたサン・ジャン保育所の施設はこれ以上望むべくもないほど立派なものである。また貧しい母親たちに対して万全の配慮が保証されている」。新聞はこのように保育所の開設を紹介した。

保育所は、新聞の紹介にもあるように、「貧しい母親」、つまり労働者家庭の主婦の幼児を預かる施設であった。設立場所として労働者街のサン・スベールが選ばれたのはそのためであった。運営委員会の会長となったL・P・デソーによれば、「多くの工場が建ち並ぶその街の真ん中、たえず増加していく労働者達の真ん中」に保育所は設立されたのであった。

九

「皆さんが社会秩序の中で未だに奪われている諸権利を子供たちに拒むことができるであろうか。傲慢と野心が、同胞市民でありながら、市民の間に存続させようとしている無意味な差別はしだいに消滅するであろう。われわれは真の平等をつくることができるようになるであろう」。L・P・デソーは、開所式の日、労働者に向けてこのように述べた。ここに示されているように、保育所の設立には、労働者の社会的向上、あるいは社会的平等を目指す社会的理念があった。それはこれまでの慈善や施しという営為の枠を超えた理念であった。フリーメーソンは、ブルジョア批判、道徳的平等観から、更に社会変革への展望を持つに至ったとみてよいのであろうか。ここまでに至る教団内の議論の過程を検討してみよう。

雑誌『友愛』は、一八四六年に、前年の七月に開かれた西フランスフリーメーソンロッジ会議の議論を四回にわたる連載で紹介している。この会議の主題は「貧困の絶滅」であった。これは当時の社会主義のものである。「貧困の絶滅」を幻想と批判し、またこの問題をフリーメーソンの立場で論じるという議論の独自性を強調しながらも、議論は明らかに社会主義の影響を受けていた。そこでは自由競争の原理が批判され、「労働の権利」と更にそれに基づく「労働の組織」が主張された。『友愛』がこのような議論を詳しく紹介したのも、このような主題や主張に共鳴したからであろう。またこれから開かれる特別集会に向けて討議資料を提供するという意図もあった。

この集会はこの年の初めに『忍耐』のロッジで開かれた。主要論題は「フリーメーソンの慈善をより有益にする手段は何であるか」というもので、これまで「慈善の実践」の主要形式であった施しの是非をめぐって議論が交わされた。そしてこの集会で問題の核心を提起しながら繰り返し発言したのは、社会主義的傾向の強いC・J・エジーヌ（『忍耐』所属、保険会社事務職員、選挙権なし）であった。「われわれは施しだけで社会の病を治すことができるであろうか。施しは人を堕落させる。労働は人を高める。問題はすべてそこにある」。「不幸な人に二日や三日分の食物を施与したところで、慈善は有益であると言えるであろうか。慈善の実践は、現在の悲惨な状況を緩和するだけでなく、貧乏人もいない乞食もいない時代が来るのを早めるものでなくてはならない。そのためには道徳的修養、相互扶助、組合、労働の組織などの偉大な原理を大衆に浸透させねばならない」。彼の主眼は、このように、施しを否定し、従来の「慈善の実践」の枠を超えた社会主義的改革にあった。そしてこのような主張は、政治に関わりをもつだけに、多くの会員に不安を与えたはずであった。そのような会場の雰囲気を察してであろう、彼は弁説の途中で、政治について言及するつもりはないこと、政治の話は用心すると断っている。それでは彼の主張は多くの共鳴を得ることができたであろうか。たぶんそうではあるまい。革新派のF・ボドリー（『忍耐』所属、弁護士、選挙権なし）さえも、エジーヌの発言を受けて、「理論においては理想が絶対的である。しかし現実においては進歩は漸進的である」、と述べて彼の主張の性急さをたしなめた。エジーヌの主張をこのように理想的、非現実的とする批判は少なくはなかった。例えばA・ルテリエ（『忍耐』所属、会計事務職員、選挙権なし）は次のような発言をしている。「私は貧困の消滅を言う数人の同志たちと意見を共にします。しかしそれは実現できたとしても長い先のことではなかろうか。貧困を根絶できる堅固な基礎の上に均衡が確立される時代がいつ来るか予想することは不可能である」。しかしエジーヌの主張に危惧や批判があったとしても、彼の考えがすべて拒絶され孤立していたわけではなかった。少なくとも慈善活動が施しに限られていたことへの反省、貧困をなくすための別の手段を模索する熱意は大方の会員と共にしていた。「慈善は一つの仮の徳目にすぎない。われわれは社会制度の改善によってそれを無用のものとする手段を見出さねばならない」。このような発言に会員の多くの共通した気持ちを認めてよかろう。

この集会は結論を得ることはできなかった。しかしこれまでの慈善に替る新たな営為を求める弾みを与えることになった。保育所設立運動はその過程で生まれたものであった。

さて以上の説明からわかるように、ルアンのフリーメーソンはブルジョア集団でありながら、労働者大衆を「危険な階級」と見る一般ブルジョアと異なり、労働者への共感を求め、ブルジョア社会に批判意識を持っていた。それではこのブルジョア社会批判集団は政治の場ではどうであったろうか。反政府集団として位置づけてよいのであろうか。

2　七月王制期のフリーメーソンと政治

一

各ロッジの規約はともに会員がロッジの中で政治について議論することを禁じている。ただしロッジの外の政治活動まで拘束しているわけではなかった。もしそうならば選挙有権者は会員になることはできないであろう。七月王政末期に選挙有権者会員はおそらく九〇人にも達していた。この時期のルアンは反政府勢力の一つの拠点都市であっただけに、選挙のさいには政府の側も反政府派も有権者への働きかけは活発で、有権者は否応なく選挙運動の渦に巻きこまれた。有権者会員も例外ではなかったろう。むしろ以下に見るように、政治活動に積極的にかかわった会員も少なくなかった。L・P・デソーとF・デシャンの場合を検討してみよう。

弁護士のデソーは、弁護士がしばしば地方都市で反政府派の指導的役割を果たしたように、ルアンの反政府派指導者の一人であった。彼と政治活動との関わりを拾い出してみよう。

一八三四年九月に反政府派政治家の領袖J・ラフィットがルアンを訪れたさいに宴会が催された。デソーは主催者の一人として、多数の出席者を前にして出版の自由と選挙制度の改革を訴えた。また一八三八年二月には、国王暗殺陰謀の連繋容疑で逮捕された政治犯が釈放されたことを祝ってルアンで宴会が開かれた。主催者はデソーであった。検事は法務大臣への報告で、デソーら出席者は「有害な気質の持ち主」ではないかと警戒していることを伝えた。一八四七年には、夏以降、改革宴会が全国に広まり、反政府勢力を糾合して政府批判の機運は一挙に高まった。ルアンでも弁護士のJ・セナールを中心とする反政府派は、クリスマスの日、約一五〇〇人を集めてルアンの郊外プティ・クヴィイで改革宴会を開いた。デソーも主催者の一人であった。この時、市会議員になっていたこともつけ加えておこう。彼はこの宴会の席で政府を激しく非難するとともに、自由の擁護と選挙法の改正を熱っぽく訴えた。ところで注意すべきことに、この宴会にはルアンの反政府派がすべて結集したわけではなかった。これをボイコットした反政府派政治グループの指導者がF・デシャンであった。

デシャンはデソーやセナールと同じように弁護士である。彼が弁護士として関わった次の二件は彼の政治活動の性格を示唆している。一つはルアンから約二〇キロ北の毛織物工業都市エルブフに起こった労働者の反乱に関するものである。一八四六年五月、この都市で最大の毛織物工場が生産の合理化を強行して四〇人の婦人労働者を解雇したことから、多数の労働者が一勢に抗議に加わった。治安当局はルアンの駐屯部隊を呼んでこれを鎮圧し、五〇人を超す労働者を逮捕した。デシャンはこれら労働者の弁護を引き受け、ルアンの重罪裁判所の法廷で、「このような不幸な事件においては寛大さこそ公正な裁判です」と寛大な裁きを訴えた。被告は全員有罪の判決を受けたが、彼の弁護は多数の労働者に感銘を与えたようだ。裁判の翌日に、エルブフの労働者約一〇〇人がデシャンを訪れ、次のような感謝状を手渡した。「あなたの高貴で感動的な言葉は勤労多数者階級の間に反響を呼び起こしました。私たちが皆の気持ちをあなたに知っていただくよう率先してお伺いしたのは、皆の共感をこめた深い感謝の意をおくみいただきたいからです」。彼が労働者の組織化を図ったのは、この事件を契機としていたのではなかろうか。この年の一二月、知事へのルアン警察署長の報告によれば、労働者数人を含む共和主義者グループは、新聞の発行、並びにルアンとエルブフでの政治組織の結成を工作していた。デシャンがその指導者であった。

もう一つは、共産主義者エティエンヌ・カベーを領袖とするイカリ派の雑誌『人民』に関するものである。一八四七年六月、『人民』の週刊誌をルアンで発行するに際して、その発行申請手続きに不正があるとする当局と、当局の措置を不当とするカベー、及びルアンの発行責任者の間で裁判が争われた。デシャンはカベー側の弁護を引き受けた。裁判の日、ルアンの軽罪裁判所法廷の傍聴席はルアンのイカリ派共産主義者で満員となった。地方の新聞は次のように伝えている。「法廷は多数の群衆であふれた。彼らが共産主義者の一味であることは確かなことだ」。「大部分がカベー氏の教義を信奉する労働者からなるものすごい群衆が法廷やその周りをうめつくした」。デシャンの弁論はこの時もこれら労働者に感銘を与えたようだ。「われわれはあなたがわれわれの雑誌『人民』の弁護において示された熱意に対してルアンの共産主義者を代表して感謝の意を表します」。裁判の後で五〇〜六〇人の共産主義者がデシャンを訪ね、このような謝意を述べたことを『人民』は伝えている。この雑誌もまた、「フランスのイカリ派共産主義者を代表して」、デシャンへの感謝の意を表明した。デシャンはカベーの共産主義組織に属していたのであろうか。

二

「カベーが日曜日夕方四時の列車でルアンに着きました。カベーは、ここで発行を計画している雑誌の供託金に必要な資金を得ることができれば、ルアンに居を定めることでしょう。彼は昨日弁護士会会長と昼食をしました。ヴワザン、ファイユール、ヌワレなどは弁護士会会長に雑誌の定期購読を熱心に勧誘しています」。一八四三年一二月ルアン警察署長は知事にこのように報告している。

この弁護士会会長とはだれか。弁護士デシャンにほかならない。ただし警察は、カベー派を共産主義者、デシャンを共和主義者と呼んで両者を区別し、デシャンをカベー派の一味とみていたわけではなかった。事実デシャンは後で述べるように独自の政治組織を結成していた。ともに反体制勢力として両者の間で時に相互の働きかけがあったとしても、両者は目的、活動、成員を異にする別個の集団であった。革命前の二年間について検討してみよう。

イカリアン、あるいはイカリ共産主義者と呼ばれるカベー派は、パリの他に、地方ではリヨン、ルアン、マルセイユ、サン・テチエンヌ、グルノーブルなどの工業都市に勢力を拡大していた。特にルアンは主要な拠点都市であった。一八四六年、ルアンでは機関誌『人民』の定期購読部数は六一を数えた。この中には個人購入の他に共同購入も含まれるし、また秘密集会や喫茶店などで読まれることが多いから、実際の読者はこの数よりはるかに多いはずであった。一八四六年六月に『人民』が行った作家のユゼーヌ・シュー（『パリの秘密』の著者）に贈る記念メダルの募金で、ルアンでは二〇三人の応募者を認めることができるから、当時読者は少なくとも二〇〇人はいたものとみて誤りなかろう。しかも『人民』はこれまで月刊であったものが、一八四七年四月から全国に先がけてルアンでは週刊誌が発行されるようになり、イカリ派はルアンとの関わりを一層強めることになった。ポーミエ逮捕事件はこの時期のルアンでのカベー派の勢力拡大を示すものであった。

一八四七年九月に警察はルアン近郊の工場地区マロームの医師、カベー派のポーミエを逮捕した。これはこの三カ月前の『人民』の発行妨害の場合と同様に、カベー派の勢力拡大に警戒を強めた治安当局の弾圧行為であった。ポーミエは、「共産主義に対する彼らの迫害の犠牲」と不当逮捕に抗議し、『人民』も、「卑劣で下品な悔しさ、憎悪、復讐心によるもの」と弾圧を非難した。警察は所期の目的を遂げることができたであろうか。「迫害はそのたびにわれわれにとって大成功の機会となるであろう」。『人民』はこのように会員の士気を鼓舞した。そしてルアンのカベー派はポーミエの保釈金一〇〇〇フランという大金を短期間のうちに集め、逆に警察に対して勢力の増強ぶりを誇示した。

カベー派の勢力はルアンだけにとどまらず、ルアンを拠点として更に近隣の都市にも拡大していた。治安当局の報告書には、セーヌ・アンフェリウール県における主要情宣連絡員として、ルアン七人の他に、ル・アーヴル一人、エルブフ一人、ディエップ一人、パヴィイ一人の名前が記されている。これら都市にはそれぞれカベー派の活動組織があったものと理解してよかろう。なかでも毛織物工業都市エルブフに注目しよう。ここの情宣連絡員は、『ルアンの労働者の覚書』（一八三六年刊）の著者として知られる織物工のシャルル・ヌワレであった。彼は一八四〇年には『労働者へ』、翌年には『労働者への第二の手紙——労働の組織』というパンフレットを出して、社会主義の立場から彼の仲間たちに労働者の自覚を訴えた活動家で、警察の注意人物でもあった。彼のパンフレットは労働者にどのような影響を与えたのであろうか、またカベー派の支持者はどの程度いたのであろうか、このようなことは詳らかでないが、彼らの勢力が労働者の間で拡大していたことは確実であろう。

「五月二二日、二三日の騒動以来、労働者階級は数人の共産党員によって密かに煽動されていた」、「彼らはほとんどが技術の熟練者であるが、一般に非常に扱いにくい。共産主義思想が滲み込んでいて、雇い主をつねに悪くとってしまう」。経済危機の中で頻廃した労働争議と共産主義者との関わりは当局のつねに警戒するところであった。一八四六年一〇月の織物工のストライキに関して、エルブフ市長はこのように報告した。また翌年一〇月、紡績工の賃金カットに五〇〇人以上の労働者が抗議行動を起こし、軍隊も出動して数人の逮捕者を出した事件についても、市長は知事宛の手紙で次のように伝えた。「一八四六年五月の不愉快な事件以来、労働者の心は信頼できません。彼らは、悪意のある連中が密かに唆している反抗的で規律に反する考えにとても動かされやすく、要するに有害な思想に容易に染まりやすい状態にあります」。ルアンの検事もこの事件について、「共産主義者の有害な影響」によるものだと法務大臣に報告した。

ルアンでも、カベー派が労働者を勢力基盤としていたことは雑誌『人民』の裁判事件に関する新聞報道からも窺い知ることができよう。また警察庁長官から法務大臣に送付された報告書には次のように記されている。「カベーの教義は特に労働者階級の間で支持者を増やしている。カベーが巧妙にイカリ共和国に与えた明るい未来像は共産主義の樹立によってこそ彼らの労苦を終わらせることができると考える労働者の想像力を魅惑してきた」。ただしカベー派はすべて労働者であったとみる必要はない。この報告書でルアンの主要情宣連絡員として挙げられている七人のうちには、織物工一人、仕立工一人、製靴材料小売業一人、地主二人、弁護士一人が含まれる。そのうち選挙有権者名簿に認められるのは、地主のA・ルマソン一人だけである。カベー派は労働者を主とする非選挙有権者の集団であったと理解してよかろう。

次にF・デシャンの政治活動を検討してみよう。

三

既述したように、裁判で『人民』の弁護を引き受けたことは、デシャンとカベー派との密接な関わりを窺わせるのであるが、この裁判以外に両者の繋がりを示すような事実は見当たらない。むしろデシャンは、以下に述べるごとく、カベー派とは組織活動を別にしながら、選挙運動と政治制度の改革運動を主としていたものとみてよかろう。

一八四六年は代議院議員選挙の年であった。「大臣殿、私がわれわれの側の勝利のために最大の熱意と努力をもつて働くことを確信していただきたい」。この年の七月、選挙を一カ月後に控えて、県知事は内務大臣にこのような手紙を送り、選挙については次のような暗い見通しを伝えた。「ルアンは最大の難事です。すでに始まっている戦いの結果について確かな材料を得ることは未だ困難な状況です」。当局の露骨な選挙工作に対して、反政府派の選挙運動も活発であった。その選挙組織に憲法委員会と急進委員会があった。前者は穏健派のオディロン・バローとティエールを推し、後者はルイ・ブラン、デュポン・ド・ルール、アラゴの三人の共和派候補を支援した。そしてデシャンはこの急進委員会の指導的人物であった。彼のほか主要会員には、P・バシュ（『技術』所属、代訴人、選挙有権者）、P・ルクール（『技術』所属、弁護士、選挙有権者）の二人のフリーメーソン会員の他に、控訴院判事一人、商人一人、地主四人、弁護士一人、印刷業者一人、ビール製造業者一人などが含まれる。すべて選挙有権者とみてよかろう。急進委員会は選挙では敗北したが、その後デシャンを中心とするブルジョア急進共和派の政治組織の母体となった。

一八四七年は、七月パリに始まった改革宴会の運動が全国の諸都市に拡大し、ブルジョア反政府派の威勢が強まった年であった。そしてこの年の最後のものとして企画されたのがルアンの改革宴会であった。

『人民』の一一月二一日号は、ひき続き各地で改革宴会が開かれたこと、またルアンでは宴会の準備が進められていることを伝えている。そして次週の二八日号は、リヨンとルアンの民主主義派は、ルドリュ・ロランの主宰する民主勢力の機関紙『改革』La Réfosmeに決議文を送付し、憲法反政府派と急進派の合同主催で開かれる改革宴会には参加しないむね通知したと伝えている。憲法反政府派とは既述の憲法委員会の会員を主とする穏健ブルジョア反政府派である。急進派とは前述の急進委員会の一部から成る少数の政治組織を言う。それでは反政府派の領袖ルドリュ・ロランの『改革』と繋がりを持つ民主主義派とはどのような集団なのであろうか。

パリ国立図書館には『ルアンの民主主義派』と表記した二ページの印刷物が残されている。そしてそこには、ルアンの民主主義派は、憲法委員会がすべての反政府派勢力に参集を呼びかけている改革委員会には参加しないことを総会で決議したことが記されている。その理由として、憲法派が選挙権は一部の特権階級にのみ付与されるべきとする制限選挙制の立場に立つのに対して、民主主義派は国民主権の原理に基づく普通選挙制の立場に立つ、という両者の見解の対立を挙げている。この小冊子の末尾には、総会はこの決議を公表することを決めているとの付記されているのであるが、この決議文は政治的立場を共にするパリの『改革』にも送付されたのであろう。またこの決議文の最後には、総会代表として、F・デシャンを筆頭に、F・アブリル、ビュシェ・ベランジェの三人の名前がある。ビュシェ・ベランジェは急進委員会の一人で選挙有権者である。F・アブリルは鉄道運送会社の支配人であるが選挙権はない。民主主義派は彼のようなブルジョアの非有権者を集めた政治集団だったのであろう。

3 第二共和制期のフリーメーソン

一

パリの革命臨時政府の樹立とともに、セーヌ・アンフェリウール県でも権力機構の更迭が行われ、これまでの反政府派指導者たちがオルレアン派に取って代わった。知事の官職が廃止されて、人民総務長官commissaire général という官職がそれに代わって新しく設けられ、内務大臣ルドリュ・ロランの任命によってF・デシャンがその職に就いた。そのほか検事長にJ・セナール、首席弁護士にL・P・デソーが任命された。デシャンとデソーは言うまでもなくフリーメーソンの指導者である。

「民衆の正義は今再び背信君主を追放した。そして共和制が宣言された」。デソーは雑誌『友愛』二月号の巻頭に論文『共和制とフリーメーソン』を載せ、このように書き起こして革命を歓迎した。Th・ルブルトンもまた、『労働者のラ＝マルセイエーズ』と題した詩で、革命の讃歌を次のように詠んだ。

奴隷の運命をしいられ
長く堪え忍んできた軛から
勇敢で偉大な労働者は
武器を手に解放された
労働者が得る果実は
私たちの地で成育し熟していく
プロレタリアの血の犠牲から得た果実

『真理』のロッジでは、人民総務長官に就任したばかりのデシャンを迎えて祝賀式が開かれた。会員たちは祝辞とともに、期待や同志への協力の誓約の言葉を熱っぽく述べた。また次のようなフリーメーソン頌歌が唱和され、会場を感激で満たした。

こんにちは、高潔な同志の皆さん、
あなたの教養と光を広める希望に満ちて
私たちはすべての危険に立ち向かう覚悟です
こんにちは、同志、私たちに命令して下さい
あなたの手が槌にかかるとき
私たちはあなたに従い
あなたの支柱となる覚悟です

「ルアンのフリーメーソンはそのころ集会を白昼のもとで行っていた」。『ルアンの一八四八年革命』の著者J・トゥタンがこのように書いているように、フリーメーソンはベールに被われたロッジを出て、集会は専ら戸外で持つようになった。彼らの活動は新体制を支える使命観で活気を帯び、多くの人びとの注目と共感を集めた。「この祭典は非常に多くの人びとの関心をひいていたので、開会よりずっと前から人びとは会場の周りにおしかけた」。

街中のシルク広場で行われた三月二五日のフリーメーソンの祭典について、『ルアン日報』はこのように伝えた。またこの新聞によれば、この式でデソーはフリーメーソンが共和制を熱心に支持していることを述べ、聴衆の喝采を浴びた。『ルアン新聞』もこの祭典の模様を伝え、フリーメーソンがこれまでも民主主義に共感を示してきたことを称賛するとともに、次のように記した。「主要会員は民主主義体制の樹立によって彼らに与えられた新しい義務を高貴な態度で引き受けている」。

主要会員とはデシャンやデソーを指すことは言うまでもないが、彼らのほかにも、「新しい義務」、つまりルアンの革命政権にかなりの会員が加わったのであろうか。あるいはデシャン体制は主としてフリーメーソン会員によって構成されたのであろうか。新体制樹立のために県の全権を託された新長官が、倫理的絆で結ばれた同志たちを政治機構に配置して政治にあたったと推測することはできないものであろうか。結論を先に言えば否である。

デシャンは、パリの革命の知らせを得ると、すぐに、ルアンに「民主主義委員会」を組織した。この委員会は、検事長に就任したばかりのセナールが法務大臣に報告したように、「デシャンの旧急進委員会」の会員を中心に結成されたものであった。そしてルアンの革命市政も、以下に示すように、この委員会を母体とするデシャンの政治的同志によってその中枢が占められることになった。

人民総務長官に任命されたデシャンは、すぐさま旧市議会、旧市政執行部に代わって、市長、六人の助役、その他三一人の委員から成る臨時市政委員会を設けた。新聞がこの委員会について、革新的民主主義者、旧反政府派議員、労働者がそれぞれ三分の一ずつを占めていると報じているように、委員会とフリーメーソンとの関わりは目立つものではなかった。事実、会員名簿で照合してみる限り、委員のうち会員は五人を数えるにすぎない。市政の執行部となる市長と助役には、会員の名を認めることはできない。市長のルバスール・ヴィリエは、既述したように急進委員会の会員であったし、六人の助役のうち四人までが革命前の政治的同志であること、またその他の委員についても、少なくとも五人は急進委員会の同志であることを確認することができる。

以上の考察から、ルアンのフリーメーソンは、革命政権樹立を熱烈に歓迎しながらも、革命政権に積極的に参画したわけではなく、むしろその外枠にありながらデシャン体制の熱烈な支持勢力であったことを確認しておこう。しかしその支持母体であっただけに、四月事件を契機に、デシャン体制が責任を問われ崩壊するや、そのような状況の中で、フリーメーソンもその影響を免れるはずがなかった。最後に、四月事件以降ルアンを襲った反動化の中で、フリーメーソンが辿った軌跡を検討することにしよう。

二

フリーメーソン会員が革命に期待をこめて心を弾ませたのもシルク広場で祭典を開いた三月末ごろまでのことであったろう。四月に入ると、選挙をめぐる政治的、社会的対立は会員にも影響を及ばざるをえなかった。そして四月事件、それに続くデシャン体制の崩壊は、ロッジの運営に支障をきたすほどの混乱を引き起こすに至った。「教団内部で生じた諸出来事のために、五月の会議は開くことができなかった。われわれのパリ派遣代表の再選が遅れたのは、このような状況によるものであると言わねばならない」。『平等』は六月初めにパリの本部にこのように伝えた。どのようなことが生じたのであろうか。残念なことにそのことに直接に言及した史料は見当たらない。ただし以下に述べるように、五月以降教団は明らかに変質をきたしたことを知ることができる。このことから逆に四月事件とデシャン体制の崩壊が教団に与えた混乱の大きさを想像できよう。

既述したごとく、七月王制末期に、会員の中に「労働の組織」を主張する社会主義者を認めることができた。そして二月の革命以後、「労働の組織」の全国的風潮の中では、教団でもその同調者は決して少なくはなかったはずである。四月、『忍耐』が五月三日に「労働の組織」を議題とした特別集会を開くことを決めたことがそのことを示している。多数の同意なくしてこのような集会が開かれるはずがなかった。ただし四月事件を契機として生じた状況の変化の中でこの集会はたぶん実現しなかった。

教団では五月以降、「労働の組織」や「夢想家」に対して非難攻撃が強まった。「労働を組織するという目的のために、人間の個性を壊し、自由を取り上げ、所有を無くす者」、「この誤った教義のなすがままにしておこうとする者」、長官を辞任したデシャンは「労働の組織」の同調者を多くの会員の前でこのように批判した。会員の中にはこの同調者に対して強硬な処置をとるように主張する者もいた。そのような強硬論者に対しては、教団の和を重んじるデシャンは次のように戒めている。「このような教義と戦うとか、その主張者を厳しく責めるというようなことはしないほうがよい」。強硬論者の一人にM・デュラン（『忍耐』所属、企業家）がいる。彼は、「労働の組織」をユートピア、きざで馬鹿げたこと、その同調者を夢想家、と誹謗し、攻撃を加えるように会員に呼びかけた。「私は恐れることなく声を大にして言おう。どこでこのような人間、このような思想と出くわそうとも、戦いを休めず容赦なく打ちのめそう。それは諸悪、内乱、社会破壊の元凶である」。

これまで革新派の主張の媒体的役割を果たしてきた雑誌『友愛』の突然の廃刊も教団の変質の過程の中で理解されねばならない。

「予見することが不可能な状況の中で、残念なことに、われわれは『友愛』の最後の二号を定期購読者に届けるのを余儀なく遅延してきた。……一八四九年一月からこの雑誌の発行は当座の間停止されるであろう」。一一月・一二月合併号にこのような休刊の告示が載せられた。これが事実上の廃刊の辞となった。

廃刊の理由は何であったろうか。そこでは予見不可能な状況というような曖昧模糊とした説明しかなされていないが、パリの本部（グラン・ドリアン）が出している季刊会報の記事は漠とながらその理由を示唆している。「雑誌『友愛』が発行されなくなったことは、これまで秩序、良俗、進歩の精神が編集全体に行きわたっている雑誌として挙げられてきただけに残念に思う」。この雑誌を反秩序的、反良俗的と咎める状況が廃刊の主要な要因であったことは間違いない。権力の意志が働いたのであろうか。そのことは詳らかではないが、明らかなことは、事由を公表しないままに廃刊を容認していくという状況への迎合的変質が教団内部に生じたことである。そこにもう一つの廃刊の要因を指摘することができよう。

「今日、私は、われわれの置かれている状況を鑑みて、『友愛』を廃刊することもやむなきものと考え、代わって『ノルマンディの星』を主宰することになった」。四月の選挙で国会議員に選出されたTh・ルブルトンの後を継いで雑誌を主宰してきたイザベルは、『友愛』の廃刊についてこのように書いた。会員の多くも彼と同じように、状況の認識から、そのような措置をやむをえないものと認めたのであろう。そして注意すべきことに、今述べてきたような教団内部の変質は、以下に述べるごとく、会員の減少を伴って生じたものであった。逆に言えば、会員の減少は組織の混乱と変質を投影したものであった。
（イ）『忍耐』。第Ⅱ表（略）に示したように、会員総数は、一八四七年と比較して、一八四九年、一八五〇年と僅かながら減少している。ただしその減少は僅かであるが、会員の大幅な入れ替わりがあったことを見落としてはならない。一八四七年の会員五五人のうち、一八五〇年に残っている者は三九人を数えるにすぎない。つまり革命をはさむ三年の間に一六人の脱会者をみたことになる。とくに一八四八年には多数の脱会者が出たのであろう。会員の減少はロッジ財政の逼迫を引き起こし、そのため一八四九年にはロッジでは会員を増やすことが主要課題となった。なお脱会者には一八四六年に入会した比較的新しい会員が多いことを付け加えておこう。
（ロ）『堅実』。一八五二年六月にパリ本部に送付した報告には、一八四八年は「試練の時」であったこと、しかも「災難はその時代の状況に基づくものであった」と記されている。ここでいう試練とか災難は、主としてロッジ財政の悪化を意味するのであるが、それは直接にはこの年に多数の脱会者があったことによるものであった。会員は、第Ⅱ表（略）に示すように、一八四七年から一八四九年にかけて五八人から三九人に減少した。そしてその五八人のうち、一八四九年の会員名簿に名前の見当たらない者は二六人を数えた。一八四八年に多数の脱会者が出たことを知ることができよう。
しかもその多くは、『忍耐』の場合と同様に、一八四六年の入会者であった。
（ハ）『平等』。一八四八年九月、ロッジの状況について、「ロッジの将来に対する非常に強い不安」があることをパリの本部に報告した。また翌年三月には、正会員が三〇人以下に減少する場合には正会員の脱会を認めないことを規約で定めたので、二人の脱会申出を受理できない旨報告するとともに、脱会者の増加を前にして困惑の様子を伝えた。一八三五年には四七人、一八五〇年には六九人の会員を数えるのにたいして、一八四九年初めには三〇人を割るほどに少ないことからも（第Ⅱ表）、一八四八年の脱会者はかなりの数に上ったものとみてよかろう。
以上のごとく、一八四八年は多数の脱会者を出した年として特色づけることができる。しかし逆に入会者も少なくはなかった。この年の後半には、ルアン駐屯部隊の「多数の士官」が入会したことが伝えられている。『忍耐』については脱会者の数にほぼ見合うほどの入会者があったことはすでに述べた。そしてこれらの新規の入会者の多くは政治的社会的に保守派であったと推測できないであろうか。多数の士官の入会という事実がそのことを示唆している。逆に脱会者の政治的社会的性格もまたそのことを示唆している。

論文『一八五〇―一八七〇年のセーヌ・アンフェリウール県のフリーメーソン』を発表した著者P・ダヴォ氏は、ル・アーヴルについて、「二月の革命運動に好意的な会員の脱会」に伴って、一八五〇年以降、会員の多くは王党派によって占められるようになったことを指摘している。ルアンについても、脱会者の多くは革命運動に共感を持つ、あるいはそれに加わった会員であったとみてたぶん誤りなかろう。その根拠は一つに脱会者には一八四六年の入会者が多いことである。彼らはフリーメーソンが労働者への共感を強め、社会改革を志向するようになった「新しい時代」の会員であり、そのような革新的傾向にひかれて入会したはずであった。もう一つの根拠は社会主義者のエジーヌが脱会していることである。「夢想家」に対する非難攻撃の中で、エジーヌなどの社会主義者や彼らの同調者は会員として留まることはもはやできるはずがなかった。

さて以上のごとく、ルアンのフリーメーソンは、一八四八年五月以降、会員の大幅な入れ替えを伴いながら、抑圧的な政治状況に適合していく保守的変質を遂げた。しかし治安当局は革命当時の記憶から、フリーメーソンを警戒し、監視を強めていた。「今後ともこれまでの措置を続ける方が望ましい。したがってあるロッジが陰謀や政治的論議を行っているとか、秩序を脅かす集会を開いているという情報が入れば、詳しい報告を送るようにしていただきたい」。フリーメーソンを危険視し、果断な措置を講ずるようにしばしば県知事に要請してきたルアン市長や、その他ディエップ、ル・アーヴルなどの県下の郡長に対して、県知事は一八五〇年一一月このように返事した。

これら市長や郡長はたぶんフリーメーソンに脅威を抱く必要はなかった。保守化した会員たちにはかつて「新しい時代」に示した社会改革の意気込みを認めることはできない。しかも内部では依然として混乱が続いた。『忍耐』は、一八五〇年には定例会議はしばしば「嘆かわしい会議」に終わり、会員の多くは気持ちを苛立たせているとパリの本部に報告している。『堅実』もまた、財政が極度に悪化し、数年来「悪い時期」が続いていると一八五三年三月の報告で記している。反動化の進む抑圧的政治体制の中で、活力を失い、社会への働きかけを止めて、ルアンのフリーメーソンはロッジの中に自閉した。「新しい時代」は終わった。

結語

研究に着手した当初は、ルアンに生まれた革命政権は、県の人民総務長官がフリーメーソンの幹部であることを知ってからフリーメーソン会員によって固められたものと予想し、史料によってそのことが確証できるものと期待したが、事実は本文で示した通り、それはむしろ人民総務長官の政治的同志によって占められていた。それではこのことは、この革命政権が推進した諸政策や、また四月事件に繋がる政治的対立とどのように関わるのであろうか。

本文で明らかにしたことから導かれるもう一つの今後の研究課題は、七月王制期、第二共和制期にフリーメーソンの辿った軌跡はどのような経済的社会的条件と政治過程のなかで生じたかを検討することである。すなわちルアンのフリーメーソンはこの時期に、昂揚→革命への期待→内部対立→沮喪（閉塞）という軌跡を辿ったことを確認したのであるが、この軌跡は、産業革命の発展に伴う工業都市のどのような経済変動、並びに社会変動、更に革命をはさむどのような政治状況の変転のなかで生じたものであろうか。工業都市の二月革命史像の構想という究極の課題は、このような課題の研究を通して為し遂げることができるものと考える。

（『史学雑誌』第九一篇第九号、一九八二年。フランス語の論文は、次のフランスの雑誌に掲載。Annales de Normandie,36 Année, N°2）

LA FRANC-MAÇONNERIE ROUENNAISE ET LA RÉVOLUTION DE 1848

Pourquoi avoir choisi Rouen?

Au milieu du XIXe siècle, c'est une ville caractéristique du changement social qu'apporte la révolution industrielle en France. Ce fait ne conduit-il pas l'historien à penser que cette ville lui offre un champ d'observation propice pour comprendre cette époque marquée par la crise de la société ?

Pourquoi vouloir plus précisément étudier la franc-maçonnerie?

Frédéric Deschamps, célèbre avocat, est chargé en 1848 de la fonction de commissaire général de la Seine-Inférieure, et c'est un franc-maçon ; Théodore Lebreton, poéte-ouvrier, élu député de l'Assemblée constituante en avril 1848, est lui aussi franc-maçon. De là, nous vient l'impression que la franc-maçonnerie constitue un groupe politique à Rouen à ce moment-là, et qu'elle a une grande influence sur la vie politique de ce centre cotonnier.

— I —

La ville compte six loges sous la Monarchie de Juillet : Constance-Eprouvée, Parfaite-Egalité, Persévérance-Couronnée, Sincère-Amitié, Vérité et Arts-Réunis. Et elle connaît, on le verra, à la fois l'augmentation du nombre de leurs membres et l'intensification de leurs activités dans la seconde moitié de la Monarchie de Juillet, phénomène qui est caracténristique de la franc-maçonnerie rouennaise de cette époque-l à.

Dans la séance (1) de la conférence de la loge Persévérance-Couronnée tenue au début de 1843, on rend compte d'« un notable accroissement » des membres de la loge depuis l'année précédente, en prévoyant qu'il continuera. De fait, la loge assis-

Annales de Normandie,36 Année, N°2, 1986

Ritsu MOTOIKE, Université d'Okayama - Japon

第六章　アカデミズム史学（大学の歴史家）

1　歴史雑誌『アナール』誕生への道
―フランスの伝統的歴史学批判―

はじめに

歴史の世紀と言われた一九世紀が終わろうとするころ、フランス史学史において特筆すべき二つの雑誌が相次いで創刊された。一つは社会学者エミール・デュルケームによる『社会学年報』であり、もう一つは哲学者アンリ・ベールによる『歴史総合評論』である。両誌とも歴史家ガブリエル・モノーの主宰していた『歴史評論』のような歴史雑誌ではなかったが、当時の歴史学に対する批判と歴史学新生への期待において歴史学への関わりを共にしていた。「史料分析の過度、専門化の過度と戦うために、また歴史学の理論的諸問題を深めるために、また歴史家と哲学者との間に日常的繋がりを持つために、私は『歴史総合評論』を始めた」。ベールは歴史学の状況を批判しながら、雑誌創刊の企図をこのように述べた。またデュルケームは、歴史学が社会学に無関心でいることに対する遺憾の意とともに、歴史学と社会学との協働を通じて、両者が相互に裨益しあうことへの期待を創刊号で述べた。その期待には、歴史家の因果関係の認識に対する批判、また歴史家が専ら政治家や将軍、予言者などの個人的役割を歴史学の対象にしていることへの批判が込められていた（AS, 1897, P.111 et P.7）。

両雑誌は、それぞれ当時の歴史学に批判的な社会学者、哲学者、地理学者、それに若手の歴史家を集め、歴史学批判を煽る役割を果たすことになった。そして二〇世紀の初め、一〇年近くにわたって、これら批判グループは歴史学の大御所を相手に激しい論争を挑み続けた。私はこの論争に後のアナール派形成の素地を見る。本稿は、このような見通しに立って、この論争の内容、並びに新しい歴史学の芽生えを検討し、アナール派歴史学の形成をフランス史学史のなかに位置づけることによって、アナール派歴史学を理解するうえでの一つの素材を得ることを目的とするものである。

一

（一）セニョボスの歴史理論

当時フランスの代表的歴史家と言えば、古代史のシャルル・ヴィクトール・ラングロワ、中世史のガブリエル・モノー、近世史のエルネスト・ラヴィッス、それに現代史のシャルル・セニョボスを挙げることができよう。なかでもセニョボスは、ソルボンヌの歴史学教授として、また『現代ヨーロッパ政治史』、『歴史研究入門』（古代史のラングロワとの共著）の著者として、歴史学の代表的存在であった。それだけに歴史学批判、歴史学への挑戦はこの歴史学の大家に向けられることになるのであるが、そのきっかけとなったのが彼の歴史理論を表した『歴史研究入門』であった。

当時フランスでも、ドイツの歴史家エルンスト・ベルンハイムの『歴史学方法教本』が歴史学の代表的な教本として読まれていたが、『歴史研究入門』の著者は、ベルンハイムは「厳密性と独創性に欠けている」と批判して自著の独自性を強調した（Introduction, p.XV）。それは、本書は「歴史科学の方法に関する一つの試みである」（ibid., p.Ⅶ）と序文で述べていることからもわかるように、とくに歴史学の科学性を力説しているてんに認めてよかろう。ジュール・ミシュレをはじめとするロマン主義的歴史家には科学的関心がないと批判しているのも（ibid. p.261）、歴史学は科学であると考える歴史論によるものであった。それでは歴史学を科学にするための方法はどのようなものでなくてはならないか。

「歴史は文書で創られる」（ibid., p.1）。著者は、後にしばしば引用されることになるこの有名な決まり文句で書き起こし、これまでの歴史学入門書にならって、まず史料分析、史料批判、つまり史料考証について説明を展開していく。ただし注意すべきことにセニョボスは歴史学の科学性をこのような史料考証だけに求めたわけではない。歴史学が史料考証だけでもって満足してしまうことを戒めるとともに、史料考証が歴史学をして科学にまで高めたという理解に対してそれは錯覚であると批判していることを見落としてはなるまい（ibid., p.90）。

セニョボスは史料考証とともに歴史の構成を重視する。「史料分析はばらばらの諸事実を与えてくれるにすぎない。それらの諸事実を科学的な実体に組織するためには一連の総合の操作を必要とする」（ibid., p.181）。それでは歴史の構成、あるいは歴史の総合はいかにあるべきか。そのような主題をもって構想されているてんにこの歴史研究入門書の特色があった。そしてその方法については、特に第二部「歴史の総合」で説かれているので、以下この部分を検討することにしよう。

「歴史事実のカオスを前にして歴史家が最初にせねばならぬこと、それは探究の範囲を限定することである」（ibid., p.200）。歴史家はまず最初に探究すべき対象を決める。それから厖大な歴史事実のなかから、ある原理に従って、歴史事実を取捨選択し、整理していく。それではどのような原理に基づいて、選択と整理を行うのか。「すべての歴史家にとって共通した選択の唯一の原理、それは人間的物の進化において果たされた役割である。進化の歩みに特別顕著に作用を及ぼした人物と事件を忘れてはならない」（ibid., p.234）。セニョボスには、歴史はある一つの方向に変化する、歴史は進化するという歴史観があり、その変化、あるいは進化を研究すること、教えることが歴史学の主要課題であるとする考えがあった。そして歴史の構成に組み込まれる歴史事実は、その進化に重要な影響を及ぼした人物や事件が重視されねばならなかった。

しかし歴史家はそれら歴史事実を十分に得ることができるわけではない。セニョボスはそのことを強調する。「文書から得られる歴史事実は枠全体を満たすほどには決して十分ではない。……われわれはその隙間を埋めようとする抑え難い欲求をおぼえる」（ibid.,p.218）。それではどのように埋めるのか。「歴史学はその隙間の一部を推測の積み重ねによって埋める」（ibid., p.226）。彼が歴史学を「推測の科学」と呼ぶのはこのためである（ibid., p.276）。

歴史の構成は最後に叙述が問題となるが、著者は用語について言及するにとどめ、抽象的用語の使用を戒め、具体的用語を使用するように説いていることを銘記しておこう。

さて『歴史研究入門』で示された歴史構成論の要点は以上の通りである。そしてこの著作の四年後に、セニョボスは『社会科学に応用される歴史学の方法』を発表した。

二

「社会学の探究に関心を抱いている歴史家は今日なおまれである」(AS, 1897, p.11)。「歴史家は一般に社会学に無知であるか、あるいは社会学は歴史学とは全く別の科学であると考えている」(Synthèse, p.116)。デュルケームもベールも、社会学に対する歴史家の無関心ぶりを批判してこのように記している。ただしセニョボスは歴史家としては例外的に社会学に強い関心を寄せていた。ベールによれば、セニョボスは、「歴史学と社会学の間に繋がりを作ることに熱心な歴史家であった」(ibid., p.116)。事実そのことは彼の社会史に対する考え方に示されている。新著の第一の主題は、社会史の基本的理論を論述することにあった。

それでは著者の言う社会史とは何か。「狭い意味での社会的諸事実、つまり経済的諸事実と人口的諸事実の歴史」(Méthode, p.167)、それが社会史であると言う。社会的諸事実と言えば、われわれは「社会的諸事実を物のように考察すること」を説いて社会学の基本原理を示したデュルケームを想起するのであるが、セニョボスも当時知識層に関心を高めつつあったデュルケーム社会学を念頭においてこのように述べているのであろう。ただしセニョボスはデュルケーム社会学の言う社会的諸事実をそのまま歴史学に取り入れるべきだと考えていたわけではないし、また、その歴史を社会史と理解していたわけでもない。先の引用文に示されているように、社会史の対象は、狭義の社会的諸事実、つまり経済的事実と人口的事実に限定されねばならなかった。しかもそれらの事実だけを物として考察の対象とすることには、セニョボスはとりわけ批判的であった。「社会的諸事実は抽象的概念にすぎないのであって、つねにある人たちの諸行為、諸状態、諸関係がある。ある特定の人たちの諸習慣、……物質的諸状態……、あるいはある人たちに間接に関係している諸事物がある」(ibid., p.214)。社会史は経済的事実と人口的事実の歴史であると言うものの、それら事実は特定の諸個人、諸集団との関わりで考察されねばならないし、そして社会史の歴史事実はそれら特定の諸個人、諸集団の具体的あり方がとりわけ重視されねばならなかった。「考察によって与えられる諸事実、したがってまず第一に書くべき諸事実、それは諸個人の諸行為、諸集団、諸状態、諸事物である」（ibid., p.215）。

それではこれら歴史事実からどのような原理に基づいて社会史を構成すべきか。「歴史学は何よりも社会の進化の科学である」（ibid., p.142）。新著でもこのように、進化史観に立って、社会史は進化の過程として構成されねばならないことを説く。また新しく社会的連関という概念を導入し、その認識に基づいて進化は社会的連関のなかで説明されねばならないことを強調する。そしてこの社会認識と進化史観を基礎にして、進化の決定原因論を中心に次のようにこれまでの歴史構成論を敷衍した。そしてここでもまた、社会の決定原因を、個人意識ではなくて、社会的諸事実に求めるデュルケーム社会学を念頭にして述べられていることに注意しよう。

セニョボスは社会史における進化の決定原因として次の三つのことを挙げる。第一は世代の交代。「人類は世代の不断の交代によって再生する。……それはたぶん社会的進化の主要な原因である」（ibid., p.151）。第二は物質的条件、あるいは外的条件。ただしこの条件についてはさほど重視すべきでないと断っている。「社会的現象が生起するためにはいくつかの条件が必要である。しかしそれらの条件はその生起にとって決して十分ではない。そこにはつねに人間が必要である」（ibid., p148）。セニョボスは第三の原因として人間の心理を挙げてこれを力説する。「科学的意味での原因、つまり社会的諸事実の決定条件は、つねに内的状態、動機である」、「進化の究極的説明のためには、……それゆえに心理的方法に頼る必要がある。そしてそれが歴史学の方法である」（ibid., p.148）。

セニョボスは歴史学の方法を強調する。右の決定原因論は、デュルケーム社会学の規準に対して、歴史学の規準を対置したものであった。それでは両者の間にはなぜこのような相違が生じるのであろうか。認識の相違と言ってよいであろうか。セニョボスは、この相違は両者の方法の相違に基づくものと考えていた。私はこのてんにセニョボスに代表される伝統的歴史学の歴史理論の特質を認めることができると思う。

三

セニョボスは、社会学の特色として、一つに、考察の対象が物質的事実、あるいは外的事実であることを挙げる。そして第二に、それらの事実は、文書による間接的方法の場合もあるが、原則的には直接的方法によって考察されることを認識方法の特色として指摘する。それではこれに対して歴史学の方法の特色は何か。

「歴史は文書で創られる」。前述したこの命題にセニョボスの歴史理論の基本原理が集約されている。この命題は、まず第一に文事の有無が歴史を書くことができるかどうかを決定することを意味するが、また文書が存在する場合、その文書の性格が歴史のあり方を規定することをも意味する。

セニョボスは、文書は一般にその作者の主観的表現、あるいは解釈であると理解するとともに、その理解に基づいて、文書は本質的に主観的であることを強調する。「文書は作者の精神の働きの結果、つまり主観的行為を示しているにすぎない」(ibid., p.175)。したがって歴史家が知ることができる確実なもの、それは外的事実ではなくて、作者の解釈、観念、心象である。「もっとも誤りに陥る危険の少ない歴史認識……、それは諸事実の認識ではなくて、明らかに諸観念の認識である」(ibid., p.176)。

先に述べた決定原因論(特に第二と第三の決定原因)は、このような文書史料に関する理解に基づくものであった。つまり著者はその決定原因論こそが正しい歴史認識であると説いているわけではない。歴史家は文書に依拠して歴史を書くのであるから、文書が本質的に主観的である限り、誤まった認識に陥ることを避けるためには、決定原因を文書作者の観念とか心象に求めざるをえないと説くのである。ここにセニョボスの歴史理論の特質を認めることができるのであるが、このてんについては彼は後のシンポジウムで更に議論を進めて述べているので、そこで再度検討することにしよう。

文書の主観的性格はまた社会史研究の困難性とも関わっていく。「すべての文書が持つ強烈な主観的性格は、方法上の重大な結果を導くだけでなく、社会史においては確実なことを知るのがなぜより困難であるかを説明する」(ibid., p.175)。なぜならば社会的諸事実を考察の対象とする社会史は、文書からそれらの事実に関して正確な認識を得ることができないからである。

以上のごとく、セニョボスは、社会史研究の必要性を認めたうえで、その困難性を指摘し、しかしその困難性の克服を説くことなく、結局、社会史研究に対する退嬰的態度に終始した。じつはこの態度には、文書の性格ということのほかに、もう一つ、彼の歴史構成論に関わる理由があることを指摘せねばならない。

セニョボスにとって歴史構成の究極の課題は通史histoire généraleにあった。通史とは、「個別の諸活動を、結び合わせ、俯瞰し」、「国民大衆に影響を及ぼし、その状態を変える」（ibid., p.161）、そのような事実で構成される歴史、換言すれば、「さまざまな個別史を結び合わせ、全体の進化を書き表す通史」（Introduction, p.213）を意味した。そしてそのような事実とはつねに政治的でなくてはならなかった。「一般的諸事実は特に政治的性格を持つ」（ibid., p.214）。したがって通史は、社会、芸術、宗教、法制、技術などあらゆる領域の諸事実を含み込むけれども、それら諸事実を羅列するのではなくて、政治を軸にそれらの諸事実を配列して構成されねばならなかった。「政治史が通史のもっとも重要な部分となる」。つまり社会史は、通史を構成する一つの個別史にすぎなかった。「社会史は人類の通史の一側面にすぎない」と新著を結んだことに、通史に固執する彼の伝統的な歴史構成論が如実に示されていた。

（二）セニョボス史学批判の開始

デュルケームはセニョボスの新著をさっそく『社会学年報』の書評に取りあげて批判を加えた。それは一つに、著者は社会科学を誤って理解しており、しかもその理解に基づいて社会科学の存在理由を無視していること、第二に、歴史学をしてまったく推量的、主観的なものにしているということにあった。そしてセニョボスの歴史方法論は文学的空想であるときめ付けた（AS, 1900-1901, p.125）。

ベールにとっても、セニョボスの新著は期待を裏切るものであった。その理由は一つに、社会的なものに対する理解に欠け、社会を研究することの意義を積極的に認めようとしていないことにあった。また社会科学によって開かれた地平を前にしながら、これまでの歴史学の枠組みから踏み出そうとする知的勇気を欠いていることにあった。しかしこのように批判しながらも、他方ではよく思索されていることを評価し、そしてこの著書を契機に、歴史理論の議論が活発になり、歴史学が活性化することを期待した。

ベールの主宰する『歴史総合評論』は、一九〇三年に二回にわたって「歴史学の方法と社会科学」と題した長文の論文を掲載した。筆者は社会学者のフランソワ・シミアンであった。当時三〇歳の若さであったが、三年前には一九世紀の石炭価格の変動に関する年報を『社会学年報』に発表して注目されていた。

最初の論文は、デュルケーム社会学の擁護とセニョボス批判を骨子としていた。

「社会科学は社会的諸現象を研究する学問である」(RSH, t.IV, p.2)。そして社会科学は実証的、客観的でなくてはならない。なぜならば社会的要因は、現実に事物objetとして客観的に存在しているからである。「社会的要因は、実証的認識にとって、いわゆる物質的要因が現実であるように現実である。それは外的世界が事物であるように事物である」(ibid., p.7)。それではこの事物をどのように探究するのか。「社会的現象は真の考察という手段によって捉えることができる」(ibid., p.21)。しかし社会科学は文書を研究資料として使用しないわけではない。例えば、時系列的変動を示すある種の統計とか、習慣、集団的表象、社会形態などに関する報告書がある。これら文書が研究資料として信頼がおけるのは、それら文書は主観的でないからである。「しばしば無意識裡に記録されている」(ibid., p.21)。

シミアンは、セニョボスの社会学の理解を念頭におきながら、このように社会科学(社会学)の正当性を説いた。ただし論文の主題はこの部分よりもむしろセニョボス批判にあった。そしてこの批判はこの後の歴史学論争の嚆矢の役を果たすことになる。

シミアンの批判は、セニョボスの因果関係の説明の仕方が経験主義的、主観的であるというてんにあった。「セニョボス氏はその仕方を社会科学に勧めたが、それはまったく経験主義的で主観的なことをたぶん暴露している。その仕方はこの歴史家の精神に親しいものである」(ibid., p.15)。ここで言う経験主義的とは、原因が必要条件や十分条件と混同されていたり、また原因として副次的諸要因が列挙されていること、つまり「科学的用語での原因の本来の意味が蔑ろにされている」ことを指した(ibid., p.14)。また主観的とは、原因がつねに個人の動機に帰せられているということにあった。「人間的諸事実、社会的諸現象の原因が、究極の分析ではつねに人間の行為の動機に見出されねばならないと考えられているようだ」(ibid., p.15)。それでは歴史の原因は何に求めるべきか。

シミアンは、セニョボスが『現代ヨーロッパ政治史』の結論部分で、一八三〇年と一八四八年の革命、一八七〇年の戦争について述べた文章を取り上げて、そこには真の原因が見落とされていると批判するとともに、真の原因として、フランス革命によって引き起こされた伝統的社会の崩壊、新しく生まれた社会の諸傾向に対する政府の不適応、人びとの集団的な心的傾向、などを挙げている。「社会的諸要因がすべて単純に忘れ去られている」(ibid., p.19) と指摘しているように、シミアンにとって、個人的動機に代わって、社会的諸要因こそが真の原因として重視されねばならなかった。

「歴史学の方法は今後しだいに新しい原理に向かって進むのであろうか。知識の新しい組織が、方法的に、伝統的歴史学の構想に取って代わらねばならない」(ibid., p.22)。シミアンはセニョボス批判のうえに歴史学新生への期待をこのように述べて第一論文を結んだ。それでは取って代わるべき伝統的歴史学の構想とは何か。第二論文の主題はそれを明らかにし批判することにあった。

「今こそ、ベーコンの比喩を使うならば《歴史家種族のイドラ》と呼ぶべき特質を明らかにするとともに、それらイドラに対して戦いを起こす絶好の好機である」(ibid., p.154)。シミアンは伝統的歴史学への批判の調子を強めてこのようにその取って代わるべき先入的謬見への戦いを呼びかけた。彼の剔出するイドラとは次の三つである。(1) 政治的イドラ——「政治史、政治的諸事実、戦争などを主とする研究、あるいはそのようなことに対する一貫した先入主」(ibid., p.154)。(2) 個人的イドラ——「歴史を、諸事実の歴史としてではなくて、諸個人の歴史として理解する宿弊」(ibid., p.154)。(3) 年代記的イドラ——「年代記的イドラは、ある時代は他の時代よりも特色があり、より重要であるということに注目しないで、……歴史をすべての部分が同じように作成されている途切れのない巻き物として理解するように導く」(ibid., p.156)。

以上、シミアンの伝統的歴史学批判は、要約すれば、伝統的歴史学は経験主義的、主観的であり、また使用すべき史料の範囲を狭め、またイドラに妨げられて、結局、真に科学的歴史を創ることも、新しい地平を切り開くこともできないでいる、ということにあったものと理解してよかろう。デュルケーム社会学を代表した挑戦的な批判であった。

シミアンの論文は、歴史家や社会科学者の間に大きな反響を呼び起こした。歴史家のピエール・キャロンは、『歴史総合評論』に掲載された論文「フランスにおける近代史研究の条件」のなかでシミアンの論文に言及し、その歴史学批判は歴史学にとって重大な問題を提起していると述べた。また歴史家のポール・マントゥは、シミアンの論文を受けて、同じく『歴史総合評論』に論文「歴史学と社会科学」を発表した。またその頃、社会学者のセレスタン・ブーグレの主宰で、「社会学と歴史学の関係」と題してシンポジウムも開かれた。これら論文やシンポジウムは、その題目からも察せられるように、ともにシミアンの論述を社会学と歴史学の関係の問題として捉え、両者の協働の必要性を認め合っていた。「歴史学と社会学は、お互いに役立ちあい、お互いに方法と知識を提供しあわねばならない」(RIS, 1904, p.164)。シンポジウムの報告者の一人であったセニョボスも、協働の仕方の難しさを指摘しながらも、その必要性をこのように述べた。

一九〇六年に「歴史の因果関係」と題して歴史家と社会学者によるシンポジウムが持たれたのも、両者のこのような共通の認識から生まれた一つの帰結であった。ところがこれは、翌年の「歴史研究における原因の探究の実際的条件」、その翌年の「歴史における認識されないものと意識されないもの」と発展して三年越しのシンポジウムとなり、以下に見るごとく両者の協働が実現する場となるどころか、両者の方法の違いを浮き彫りにするとともに、伝統的歴史学に対する社会学者の追及の場となった。

(三)シンポジウム(一九〇六―八年)

一

「私の目的は、国、政府、政党などの組織を究明することによって、一九世紀ヨーロッパ政治の主要な諸現象を理解してもらうことにあった。……私は説明的歴史を書きたかったのである」。セニョボスは『現代ヨーロッパ政治史』の序文で著作の企図をこのように記している。ただしその企図はこの著作において十分に達成されたと考えていたわけではなかった。その後のセニョボスにとっても、政治現象、進化を因果関係的に説明することは歴史学の主要な課題とならねばならなかった。「変革がどのように生じたかを明らかにしなくてはならないし、またその原因を見出さなくてはならない。そのことを歴史家は究極の目的と考えているが、未だ果たしていない」(RIS, 1904, .164)。一九〇四年のシンポジウムでこのように述べている。

「すべての科学と同じように、歴史学は本質的に説明を目的とする」(BSFP, 1906, p.247)。シミアンも歴史学の目的についてはセニョボスと意見を共にした。しかし著者が不十分と告白しているものの、セニョボスの歴史作品はとうていシミアンの満足できるものではなかった。ことんどのシンポジウムで歴史学批判の先鋒に立ち、当時評判を高めていた『現代ヨーロッパ政治史』を俎上にのせて以下のごとく批判を加えた。

「刑法の改革は晒台と鞭を廃止することを目的としていた」、「郵便の改革が一八三七年に行われた」。シミアンは例えばこのような記述を取り上げる。そしてここには一体説明がなされているのであろうかと問いかける(ibid., p.256)。あるいはまた、「ピールが何々を行った、グラッドストーンが何々を行った」、というように、事象も個人の行為に帰している文章が随所に見られることを指摘して次のように批判する。「これは説明であろうか。その個人の行為を明らかにする理由があるならば、われわれにとって説明とはそれらの理由である」(ibid., p.257)。あるいはまた、「改革はしだいに民衆的性格を持つようになった」、「議員は一層選挙民に従うようになり、下院は一層選挙民を代表するようになった」というように、事象が《なる》という動詞で叙述されている文章を示して、この種の叙述が他の歴史家の場合よりもはるかに少ないと著者を評価しながらも、このような叙述では事象に説明が与えられたことにはならないと批判する(ibid., p.257)。

「大部分が説明されていない」(ibid., p.255)。これが『現代ヨーロッパ政治史』に下した批判的結論の一つであった。それでは歴史家はなぜ説明することができないでいるのか。

「説明とは、原因と結果の一般的関係による説明である」。シミアンは説明をこのように定義するとともに、説明を与えることができるのは一般命題だけである、と言う(ibid., p.261)。つまり彼の言う説明とは、歴史的事象を因果関係の一般命題に基づいて叙説することと理解してよかろう。そして歴史学はそのような一般命題を未だ獲得していないことに歴史家が歴史事象を説明できないでいる根本的理由があると考えていた。そのことは次のような歴史学への不信を表した発言にも認めることができる。「それ自体において完全であるような自立した科学としては、歴史学は、存在理由を持たないし、消滅すべき運命にあると思う。歴史学は歴史学固有の説明の方法論を持たないのだ」(ibid., p.282)。

それではこのように酷評され、不信を突き付けられて、歴史家はどのように答えたのであろうか。

二

「歴史学は未だ初歩的状態にあるために、すでに確立されている科学の方法と歴史学の方法を同一視するのは非常に危険である」(BSFP, 1907 ,p.285)、「われわれは原因結果の知識が非常に少ないので、そのような先にまで進むことはできない」(ibid., p.284)。セニョボスは、一九〇七年のシンポジウムで、このように歴史学は未だ初歩的段階にあること、そして歴史学は社会学者の求めるような一般命題、あるいは法則を定立できる水準には達していないことを繰り返し述べている。

ここで彼の言う歴史学の初歩的状態とは、史料の分析批判、史料の収集整理の未熟さ、並びにそれに基づく研究資料の不足による歴史事実の蓄積の不十分さを指しているものと理解してよかろう。それでは歴史学は、今後そのような状態から研究資料を十分に得ることができるような段階に発展することができるであろうか。「歴史家は研究資料の格別の不備によって仕事を妨げられている」(ibid., p.268)、「歴史家は現実の不完全な研究資料から出発する」(ibid., p.263)。セニョボスはこのように研究資料の不足ということを繰り返し強調している。セニョボスはおそらく、歴史学が今後進歩したとしても、研究資料の不足は歴史学につねにつきまとう歴史学固有の性格であると考えていたはずである。そしてそのような性格のために、歴史学はつねに研究を制約されている、というのがシミアンへの一つの返答であった。「シミアン氏は実際上われわれ歴史家には認識の限界があることを知らないのだ。彼はわれわれがすべてのことを知ることができると思っているのだ」(ibid., p.269)。

以上のごとく、シミアンの批判に対して、セニョボスは研究資料の制約、それに伴う歴史認識の限界性を説いて自己弁護した。それはまた、歴史学は社会学者の求めるような一般命題を定立することはできないとする一つの論拠でもあった。他方セニョボスにはまた、以下に述べるように、そのような一般命題の存在を否定する歴史認識もあった。こんどのシンポジウムを通じてその認識を自覚し、社会学者と決定的に対立することとなった。「同じ条件が再現することは決してないであろう」(ibid., p.272)。この陳述に、こんどのシンポジウムで示したセニョボスの基本的な歴史認識を認めることができよう。条件とは何か。シミアンが歴史家には条件と原因の理解に混乱があると批判したのに対して、セニョボスは次のように答えている。「歴史家は、最後の事実、つまり事件の発端となる事実を原因と呼ぶ。他方たんに《許容的な》permissif 事実を条件と呼ぶ」(ibid., p.271)。つまり条件に原因が加わって、ある事件、ある現象が生じるとセニョボスは理解する。そして条件は再現しないのであるから、特定の事件、現象はそれぞれ特定の因果的説明を与えられることになる。「同一の諸条件の集合体がかつて再現されたことはない。条件にはつねに差異があり、したがってそれぞれの出来事にはそれぞれ異なった一つの因果的説明を必要とする」(ibid., p.264)。

　事件、現象が再現することはない。そしてそれぞれの事件、現象はそれぞれ別箇の説明を持つ。つまり歴史においては同一の説明はありえない。そうであるならばどうして説明の一般原理、つまり一般命題、あるいは法則を導き出すことができようか。セニョボスはそのように考える。

　それでは一般命題、法則がなくとも、事件、現象を因果的に説明することができるであろうか。歴史学は事件、現象をどのように説明するのか。シミアンは歴史学には説明の方法論がないと批判したけれども、事実、歴史学は独自の説明の方法を持っていないのであろうか。セニョボスがこんどのシンポジウムで力説し反論したことの一つはこのてんであった。以下この問題について検討してみよう。

三

これまで述べてきたように、歴史は文書で創られる、つまり歴史は文書の量と性格によって限定され規定される、これがセニョボスの基本原理であった。こんどのシンポジウムでも、史料の性格について繰り返し説いている。「歴史家は文書の性格によって限定される」、「われわれのなしうることを規定するのはわれわれの希望や理想ではない。それを規定するのはわれわれの研究資料の性格である」(ibid., p.268)。

文書、資料の性格とは、すでに述べたように、文書史料は、現象、あるいは外的物についての作者の解釈、観念、心象であること、つまりその主観的性格を意味した。文書は「意識された表象」であった(ibid., p.266)。したがって、歴史は資料の性格によって限定され規定されると言うとき、それは歴史は文書作者の意識された表象によって限定され規定される、と言い換えてよかろう。ただし限定され規定されるのは歴史の分野、領域だけではない。因果関係の説明についても同様である。こんどのシンポジウムでセニョボスが初めて明らかにしたことは、その説明を、文書作者、特に現象、事件の当事者や目撃者の解釈、観念に依拠するということであった。

セニョボスは次のように述べている。「当事者や目撃者は意識的行為についてある説明を与えてくれる。誤ることもあるであろう。その場合には彼らの説明を批判しなければならない。しかしそれにもかかわらず彼らには何かを知る手段があった。われわれにはそれがないのである」(BSFP, 1908, p.232)。それでは当事者や目撃者の説明の誤りを、歴史家はどのようにして知ることができるのであろうか。逆にその正しさをどのようにして確かめることができるのであろうか。セニョボスは、社会学者からニヒリズム、懐疑主義と非難を浴びながら、歴史家には彼らの説明の真偽を検証する何らの手立てのないことを次のように告白している。

「われわれが発見したと思っている原因の正しさを証明する確実な手段はない」(ibid., p.222)。

以上のごとく、セニョボスは説明の決定原因を現象、事件の当事者や目撃者によって表された「意識された原因」(ibid., p.230)に求め、それに依拠せざるをえないことを明らかにした。逆に言えば、それら当事者や目撃者の「意識された原因」がない場合には、歴史家は説明を示すことはできない。セニョボスはそのことを繰り返し次のように述べている。「意識されない現象は説明不可能な部分を形成する。歴史家はそのような部分があることを認めるだけで満足せねばならない」(BSFP, 1907, p.267)、「意識されなかった部分については、われわれはそれに到達する手段を持たないのであるから、それは説明不可能な部分である」(ibid., p.287)。以上が社会学者に向けて提示した、言わばセニョボスの「説明の方法論」であった。

四

因果律の原理を究明し、その原理に基づいて社会諸現象を因果的に説明することを課題としていたデュルケーム社会学の立場からすれば、セニョボスの説明の方法論について、次のような点に批判が向けられることになろう。（1）研究主体の原理に基づいて説明を行うのではなくて、説明を当事者や目撃者の「意識された原因」に委ねてしまうこと。逆に、「意識された原因」が見つからない場合には、説明を断念すること。（2）因果律の原理を究明しようとする科学的合理主義精神を欠如していること。事実、デュルケームはシンポジウムでこれらのてんに厳しい批判を向け、次のように追及した。「あなたは歴史家がいくらか確実性をもって到達できる唯一の原因は、当事者や目撃者によって文書で示された原因であると言われた。なぜ彼らにそのような特権を与えるのか。私は逆にそれは最も疑わしい原因だと思う」（ibid., p.230）。「どこでもわれわれは作られた原因を探し出すのではない。原因はつねに精神が発見せねばならないのです。そしてそのためには精神は方法的に取り組まねばならないのです」（ibid., p.236）。このような批判に示されるように、デュルケームが歴史学に求めたもの、それは結局、彼が社会学に求めたと同じように、研究主体としての科学的合理主義精神であり、それに基づいた説明のための原理、決定原因の原理を究明することであった。それではそのためにはどのような方法があるか。

「比較的方法のみが社会学には適合する」。デュルケームは『社会学的方法の規準』のなかで、このように決定原因の立証手段として比較的方法の有効性を説いている。歴史学に求めたのもこの方法であった。「歴史の諸データを比較し、類似的に変化する同系の諸現象の一覧表を作る仕方、探し求めねばならないのはこの仕方である」（ibid., p.235）。デュルケームは比較的方法に「真の歴史科学の可能性」があると説いて、この仕事に取り組むことこそ歴史家の権利であり義務であると迫った。だがセニョボスの返答は社会学者を落胆させるものであった。「私たちは何を比較するのか正確には全然わかりません」（ibid., p.241）。

三回にわたるシンポジウムは、結局、科学的合理主義を標榜するデュルケーム社会学と経験主義的な伝統的歴史学の違いを一層はっきりと浮き彫りにするとともに、社会学者に深い失望を与えて終わった。デュルケームは歴史教育は時間の無駄であるとさえ述べて苛立ちをあらわにし（ibid., p.232）、ブグレも露骨に歴史学への不信を投げつけた。「私はセニョボス氏の懐疑主義には全く驚いてしまった。氏の話を聞く限り、一体歴史学にはなすべきものとして何が残されているのか。ほとんど何もない」（ibid., p.240）。

論争は終わった。この六年後に、フランス史学史の著作を著した歴史家のルイ・アルファンは、末尾でこの論争に言及して、「この論争によって歴史学が生まれ変わることを望んでいる人もいるようだけれども、おそらくそのようなことはないであろう」、と記した。しかし論争が歴史学を一変さすほどの衝撃と活力を与えなかったことは事実としても、論争は間違いなく新しい歴史学の胚子の形成を促す契機となった。伝統的歴史学に固執するアルファンは、残念なことにその芽生えを見過ごして見通しを誤った。

(四)新しい歴史の芽生え

一

「社会学者のフランソワ・シミアン氏はこの雑誌で重大な問題を提議した。次の世代の歴史家たちはその重要性に気づくであろう。そして歴史家たちと社会学者の間に横たわる誤解を解くことが彼らの仕事とならねばならないであろう」。シミアンとマントゥの論文が『歴史総合評論』に発表されてしばらく後に、前述の論文でキャロンはこのように述べた。そしてすでにその頃、彼が期待を寄せるような歴史家が新しい世代のなかに育ちつつあった。

デュルケームは一八九七年に著した『自殺論』のなかで、当時社会学が流行の学問になっていたことを伝えている。この新興科学に惹かれたのは特に若い知識層であった。「新しい世代は社会学の方に向かっている」（BSFP, 1907, p.264）。セニョボスもそのことを承知していてこのように述べている。たぶん彼の知る若い歴史研究者のなかにもそのような傾向を認めることができたのであろう。そのなかに例えばポール・マントゥやリュシアン・フェーヴルを挙げることができよう。

「歴史家は……正当にもシミアンによって批判された叙

述の仕方や伝統的な分類を止めるべきであろう」（RSH, Tome VII, p.140）。マントゥは、シミアンの歴史学批判を受けて、前述の論文のなかでこのように述べている。デュルケーム社会学に批判を持ちながらも、伝統的歴史学から脱皮せねばならないという意識を社会学者と共有していた。マントゥより一歳年下のフェーヴルも、伝統的歴史学への批判的意識と社会学への傾倒を共にする新しい世代の歴史家の一人であった。「一世代全体に、程度の差はあれ直接に、しかし常に実り豊かな影響を及ぼした」。一九〇〇年代の『社会学年報』を「思想と示唆に満ちた貴重な論集」と呼び、またその雑誌に集まったデュルケーム・グループについて後にこのように回想した。

この二人に共通することは、デュルケーム社会学の影響ということのほかに、もう一つ、ベールの主宰する『歴史総合評論』を中心にして、既成の学問に挑戦する野心的な研究者たちと結ばれていたことである。「あなたのおかげで、『歴史総合評論』は、積極的で、活力があって、活動的で、人を引きつける集まりとなっていました。それは言葉の真の意味で中心でありました」。フェーヴルは、ベールへの追悼文のなかで、『歴史総合評論』に集まるグループについてこのように述べている。そのなかには、フェーヴルやマントゥのほかに、社会学者のシミアン、地理学者のジュール・シオンなどいずれも新たな地平を目指す若手の研究者がいた。フェーヴルは後にこのグループについて、「彼らはたぶん未来を準備していた」と述べて、アナール派歴史学の胚子がすでにそこに育ちつつあったことを回想するのであるが、それではそこでは未来の歴史学にとってどのような歴史理論が準備されつつあったのであろうか。その理論を代表的に示していたのはベールであろうから、次に彼の歴史理論を検討することにしよう。

二

「歴史のための歴史は歴史の一つの経験主義的様式である。物語をし、叙述をし、陳述をする。時たまある程度説明を加えることもあるが、その説明は手探り風である。適確な方法にも、解くべき問題についての明確な意識にも基づいていない」。ベールは、伝統的歴史学の歴史は歴史教育にとって有益であることを認めながらも、その歴史を歴史のための歴史histoire historisanteと呼んでこのように批判した。ベールはまた伝統的歴史家を原子論者の歴史家historiens atomistesと呼んで批判を加えた。「彼らは言葉での説明や本質的なことを恐れて、簡単で不十分な事実の解釈しかしない」(Synthèse, p.127)。最初にも述べたように、ベールは、伝統的歴史学も批判するてんにおいて、デュルケーム社会学と一致していた。またベールはデュルケーム社会学の科学的精神を高く評価していた。ただしデュルケームに追随していたわけではなかった。ベールには彼独自の歴史理論があった。

「歴史、それはつまるところ心理学である。それは《精神現象》Psychéの生成と発展である」。ベールには個人と社会の間には複雑な作用反作用の因果関係があるという認識があり、この関係を通じて生まれる心理的要素の生成、発展の歴史が、歴史の構成、つまり彼の言う歴史の総合synthèse historiqueの主題にならねばならなかった。そしてそのような歴史を追究する歴史学を歴史心理学と呼んで、歴史家に心理学の成果を摂取するように説いた。「総合を行うとき、抽象的、科学的心理学の知識は歴史家にとって不可欠である」。

歴史の総合は科学的でなくてはならない。ベールは歴史の総合を科学的総合と呼び、そのような総合を目指す歴史学を歴史=科学histoire-scienceと呼ぶ。ただし、歴史は科学的でなくてはならないが、それは、以下のごとく、現在の生との深い結びつきが前提となっていなければならなかった。

「歴史は科学と生の結び目として存在する」。ベールはこのように言う。そして言わば彼のこの歴史理論の基本原理は歴史に次のことを求める。一つは、歴史、つまり過去の生の説明は科学的認識に基づいて行われればならないこと。ベールは、説明が科学的であればあるほど、歴史は現在の生との繋がりを強めることができると考えていた。「歴史・科学においては、過去の生の説明は、現在の生、生き生きとした生と結び合わされるほど十分に完全で深められたものでなくてはならない」(Synthèse, p.252)、「歴史に生との繋がりがないのは、歴史があまりにも科学的であるからだと言う人もいる。私はむしろその逆に、それは歴史が十分に科学的でないからだと確信している」(ibid., p.VII)。また歴史は現在の生への関心によって導かれねばならないし、現在の生への思索を促すものでなくてはならないこと。「総合の仕事を規定するのは現在の生への関心でなくてはならない」。したがって歴史家は、「人間的なものすべてに対する好奇心、また多様なもの、生の変化や複雑さなどへの知的共感」を持たねばならない。そしてベールはそのような好奇心や共感を歴史感覚と呼んだ（ibid., p.252）。

要約すれば、歴史感覚の豊かな科学的総合、これがベールの希求する歴史であった。そしてそのような歴史を創るためには、歴史学はすべての人間科学に関心を向けてその成果を摂取するよう努めねばならない。心理学は言うまでもない。社会学も重要である。そしてベールは歴史家が一般に社会学について無知であることを批判する。ただし社会学をとりわけ重視していたわけでない。「社会学は総合の諸観点の一つにすぎない」。そのほかに人類学、民族学、統計学、人文地理学などの成果も取り入れなければならない。なかでもベールは、『歴史総合評論』に人文地理学の研究成果の紹介が多いことにも示されているように、特に人文地理学に注目し、そしてその影響を受けていた。「環境は強力な歴史の主動因である。地球の諸部分によって構成される連帯的体系は歴史の本質的要因である」（Synthése, p.90）。

三

ベールの歴史論は、当時の大多数の歴史家からおそらく等閑に付されたことであろう。アルファンが歴史学は今後とも大きく変わることはないと予想したのも、歴史家の保守性を重々承知していたからであろう。しかしアルファンにとってほとんど無視されるべき存在であったとしても、当時、少数ながら、ベールのまわりに集まって新しい歴史を創りつつあった意欲的な歴史家がいたことを見過ごすことはできない。

マントゥがイギリス産業革命史の古典とも言うべき『一八世紀の産業革命史』を著したのは一九〇六年であった。そして彼はそこで、この著作のあとをついでフランス産業革命史の研究に取り組むような野心を持った歴史家が出てくることへの期待を述べて序文を結んだ。またシミアンが一九世紀の賃金史を主題とする『フランスの炭坑労働者の賃金』を著したのは一九〇七年であった。「この研究の精神は厳密に科学的である」。彼はこのように述べて、方法が科学的であることを強調した。そしてその五年後に、フェーヴルは『フィリップⅡ世とフランシュ－コンテ』を著し、この作品は冒険の試みであると記した。後にこの時代の歴史学を回想して知的怠惰と批判したフェーヴルには、自己の仕事を冒険の試みというとき、伝統的歴史学を超えて新しい地平を切り開こうとする先達としての気概を認めることができよう。自己の仕事を野心的、科学的と自認するマントゥにしても、シミアンにしても、フェーヴルと同様の気概があったことであろう。伝統的歴史学の勢威に抗して、新しい歴史の芽が確実に成育しつつあった。

おわりに

セニョボス批判と言えば、西洋史家のなかには、今は亡き高橋幸八郎氏の『近代社会成立史論』の文章を思い起こす人も少なくないであろう。高橋氏はそこでセニョボスの科学的志向を評価しながらも、他方ではその歴史の科学的方法が史料操作の実証的客観主義にとどまっていると批判した。そこには、科学的歴史は政治的性格を持たざるをえないとする確信、あるいは政治的立場から歴史を真に科学的に思考し記述することができると考える歴史論があった。

セニョボスを実証的客観主義とする見方は高橋氏に限らない。セニョボスの『歴史研究入門』は歴史学の方法を単に史料操作の技術に矮小化したという批判もこのような見方と軌を一にしているであろう。しかし本文で述べたように、セニョボスがそこで力説したことの一つは、歴史の科学性は史料操作によってのみ実現されると考える歴史論を批判して歴史の構成を重視せねばならないということであった。

セニョボスの特色は、むしろ、彼の言う通史と因果関係の説明に見られる経験主義にある。経験主義は、論争が主として因果関係をめぐって交わされたために、社会学者の非難を受けることによって当時強く印象づけられることになったが、ベールを先達とする次代の歴史家にとっては、批判すべきはむしろ通史であった。

フェーヴルは、セニョボスが著した『フランス国民真正史』を書評に取り上げて、この著作は端から端まで伝統的であると批判した。またセニョボスの序文で始まるエルネスト・ルル著『ロシア史』についても伝統的枠組みのなかにあると述べて批判を加えた。伝統的とは、政治的事件によって構成される歴史年表、つまり通史を指した。通史は、歴史学に新しい道を示すこともなく、発見への楽しみを促すこともないこと、換言すれば、問いかけを行うことも、仮説を示すこともなく、順応主義にまみれて生気を失っているというのが批判の理由であった。「歴史、私が『ロシア史』のなかに見出すことがないのはこれであり、それゆえにこの著作は生まれながらにして死んでいる」。フェーヴルは通史を歴史とは認めなかった。このような批判はフェーヴルだけのものではない。彼と共に『アナール』を興したマルク・ブロックが、セニョボスには新しい課題を背負って地平を切り開いていく知的勇気に欠けていたと回想するとき、そこには同じように、通史への批判と、通史とは別の新しい歴史を創ったことへの自負を認めることができよう。そして彼らに続くアナール派の歴史家も、伝統的通史に対するアンチテーゼを共通の立場とした。

高橋氏の歴史も明らかに通史とは別のものであった。高橋氏の場合、通史を超えるための導きの糸となったのは、彼の言う政治的立場であったと理解してよかろう。「政治的立場が史料の外部から歴史の論理構造を決定する」。政治的立場とはマルクス主義的イデオロギーを意味するものと理解して差し支えあるまい。

他方アナール派の歴史家はどうであろう。彼らにイデオロギーがないと言えばうそになる。エコロジストもいるし、マルクス主義者もいる。そしてイデオロギーが、歴史家によって程度の差はあれ、彼らの歴史に反映していることは否定できない。しかし高橋氏の場合と異なり、アナール派の歴史家にとって、伝統的歴史を乗り超え、歴史の地平を切り開くための導きの糸となったのは、イデオロギーではなくて、人文地理学、社会学、心理学、統計学、文化人類学など諸人間科学の成果であった。伝統的歴史学が伝統的な歴史の方法の自足に安住していたのに対して、彼らはベールを引き継いで諸人間科学の成果を積極的に摂取してきた。「歴史学はおそらくこれら人間科学の最近の進歩の最大の受益者である」。ブローデルはこのように書き記している。

さてそれではアナール派の歴史家はそれら諸人間科学の成果をそれぞれどのように摂取し、個々の歴史学にどのように活かすことができたのであろうか。アナール派の歴史学の成果をわれわれの歴史学に活かすことを考える場合、そのことを個々の歴史家について検討することが西洋史家の一つの主要な課題とならねばなるまい。

（『思想』第七〇二号、一九八二年一二月）

2　アナール派と伝記

はじめに――伝記について

一

兄のジョセフは、一七歳の青年将校ナポレオンが一七八六年九月コルシカに帰省したとき、ルソーやモンテーニュ、レナール、リウィウス、タキトゥスなどの著書とともに、フランス語訳の『プルタルコス英雄伝』を持っていたと回想録に記している。これはおそらくアミオ訳のものであったろう。

ジャック・アミオ。一六世紀フランスのユマニストで、『プルタルコス英雄伝』のフランス語訳者として知られる。ルネサンスは芸術や建築とともに、中世の聖人伝とは質を異にする伝記の復興をもたらした。国王や芸術家、政治家、軍人などの多くの伝記が書かれ、プルタルコスやスエトニウスが模範とされた。とりわけプルタルコスは、アミオ訳が活版印刷で刊行され、教養人の間に広く読まれるようになった。一六世紀の代表的ユマニストであるモンテーニュにとっても、アミオ訳は最高の愛読書であった。「わたくしがそれによって自分の考えや気質を調整することを学ぶ読書、つまりそういうてんでわたくしの役に立っている書物と言えば、フランス語訳ができて以来、まずプルタルコスである」。『随想録』でこのように述べている。

伝記を愛読する傾向は一八世紀に一層強まったようだ。古代史家で『伝記文学の誕生』の著者モミリアーノは伝記全盛の時代と呼ぶ。『アカデミー・フランセーズ辞典』の初版（一六九四年）には、biographe という語も、biographie という語も見られないが、一七八九年版には両方の語が載っている。また『百科全書』（一七七八年刊）は、biographe だけを載せ、個人、あるいは数人の有名な人の生涯を書いた作者、と説明している。一八世紀になって伝記作家 biographe という語が生まれ、使用されるようになったのは、伝記作家と歴史家をことさらに区別するためというより、伝記の読者が増えたことに伴って、伝記を書く人が増えたことを示すものであろう。マブリにとってプルタルコスは「人の品行を語る歴史家」

であった。ルソーにとっても伝記を書く人は歴史家であった。そしてこの啓蒙主義思想家は、青少年教育のために、ヘロドトスやツキジデスの歴史よりも、プルタルコスなどの伝記を読むことを勧めた。「通史は欠陥だらけだ」、「人間の心の研究をはじめるにあたって、わたくしはむしろ個人の伝記 vies を読むことにしたい。ここでは人間はいくら姿をかくそうとしてもむだで、歴史家はどこでもついていくのだ。歴史家はその人問に息つくひまもあたえない」。

さて一九世紀には、ドイツの大学史学に主導されて西欧諸国に大学史学（アカデミズム史学）が確立すると、伝記と歴史は峻別され、伝記はこれら大学史学によって貶められることになった。ドイツの歴史学教授にとって、歴史は科学であり、伝記は歴史的通俗小説であった。このような認識はドイツに限られたことではなかった。一九〇八年イタリア生まれの古代史家モミリアーノは次のように述懐している。「私が若かったころは、専門の学者は歴史を書き、尊敬に値する素人の教養人は伝記を書くということになっていた」。またイギリスの歴史哲学者コリングウッドは次のように述べているが、これは一九世紀以降の大学史学の「歴史の観念」を踏襲し要約した認識であったろう。「伝記がどれほど多くの歴史を含んでいようとも、伝記は非歴史的であるだけでなく反歴史的でもある原理に即して構成される」、「伝記は歴史ではない」。

現在では、歴史と伝記を峻別し、伝記は歴史であることを否定し、歴史の優越を声高に主張する見解は一般的とは言えないであろう。むしろ、モミリアーノによれば、伝記は未だかつて今日ほど学者の問で広く認められたことはなかったし重要視されたことはなかった。ただしフランスについて言えば、必ずしもこのような指摘が正しいとは言えないようだ。

今日フランスでも伝記を歴史と認めることに積極的な異論はなかろう。『歴史科学事典』では、伝記という項目はなく、かわって生涯史という項目があり、人の生涯を主題とした歴史は、政治史、社会史、経済史と同じように、歴史のジャンルとして認められている。ただしこの項目の執筆者は伝記がフランスの歴史家によって無視されてきたことを指摘している。より正確に言えば、大学の歴史家によって無視されてきたと言うべきであろう。トゥルーズ大学教授ゴドショによれば、生涯史は大学の歴史家の仕事とは見なされていなくて、学位論文の研究テーマとされることはまれらしい。時たま生涯史を研究テーマとする人がいても、論文の初めにそのようなテーマに取り組んだことの弁明を書くという。

フランスの歴史学が伝記を無視してきたという指摘はほかにも見られる。伝記の盛んなイギリスの歴史家には、アナール派をはじめ多彩な成果をあげてきたフランスの歴史学に伝記研究が乏しいことは奇異に見えることであろう。論文『伝記――フランスの歴史研究で見失われた分野』の著者コンヴィッツはこのてんを指摘して、「フランスではフランス人のすぐれた伝記はほとんどない」と痛言し、さらに伝記の欠如は歴史家の時代認識に影響を及ぼしていると述べてフランスの歴史学を批判している。フランスの歴史学に伝記研究の成果が乏しいのはなぜであろう。この論文によれば、フランスでは日記や手記が史料として利用できにくいという事情のほかに、社会史中心の歴史学のあり方にその理由がある。「新しい社会史は、個人が社会や状況に及ぼす影響がいかに小さなものであるかということ、また大きな集団であっても変化をもたらすことはいかに困難であるかということを説いている」。このような指摘はイギリスの歴史家だけのものではない。論文『歴史のジャンルとしての伝記――フランスにおけるその現状』の著者ピロルジェは、歴史研究雑誌『アナール』の功績を評価しながらも、アナール学派の大多数の歴史家によって説かれてきた「歴史の概念」は伝記研究を阻害している、と述べている。この論文によれば、アナール学派の特色は、総体的事実を深層的諸力の発現として見ること、制度や政治は重要ではあるが副次的なものとして見ること、事件をほとんど無視していることにある。「事件の重要性を過小評価するために、事件に直接に影響を及ぼした人物の重要性を低め、したがって伝記研究の重要性を疑うことになる」。

二

以上のようなフランス史学に関する指摘、あるいは批判に対して、ナポレオンの伝記については、ナポレオン研究の雑誌さえあること、またティエールやマドラン、ティリなどの大著、ガロスのナポレオン年表などを挙げて、フランスにおける伝記の欠如という指摘に反論する人もいようか。そのほかにナポレオンの伝記については厖大な数の著作がある。マソン、ソレル、グルアールなどナポレオン史家と呼ばれる人もいる。作家のスタンダールは『ナポレオン伝』の序文で、「以後五〇年間ナポレオンの歴史は毎年書き直されねばならない」と書き記したが、その間も、そしてその後も、ナポレオンに関してじつに多くの著作が発表されてきた。

ただし注意すべきことに、ナポレオン史家と呼ばれる人がそうであるように、ナポレオン研究者、ナポレオン伝記作者は、ほとんどすべてと言ってよいほどに、大学の歴史家、学者の歴史家と呼ばれる大学の歴史学教授ではなかった。それはすでに紹介したように、大学史学（アカデミズム史学）が一般に伝記を軽視、あるいは見下してきたことにその主要な理由があろう。また大学史学が政治とつねに深い関わりを持ってきたこと、そして大学史学、とりわけ革命史講座が共和主義者によって占められ、ナポレオンに対して「共和主義者の古くからの不信」があったことなどを理由として指摘してよかろうか。パリ大学革命史講座教授ソブールにとって、ナポレオンはイタリア的性向の持ち主であり、そのような性向、その帝国的野心はフランス国民の伝統、意志とかけ離れたものであった。

ただし、ナポレオンが大学史学から完全に無視されてきたわけではない。パリ大学革命史講座教授ルフェーヴルは一九三六年に『ナポレオン』を著している。ただし書名のとおり主題はナポレオンにあることは間違いないが、伝記を意図して書かれてはいない。生い立ちについても、革命に身を投じた青年時代についても、セント・ヘレナ島での晩年についても書かれていない。ナポレオンの書簡も回想録もほんのわずかしか引用されていない。ナポレオン個人の動機、意図はこのマルクス主義者の関心の外にあったようだ。著者自身の説明によれば、主題は、ナポレオンの統治下におけるフランス国民と被征服民族の集合生活の特色、ナポレオンの支配下における独立勢力の活動、ナポレオンの権威に服することのなかった諸国民の性格などを明らかにすることにあった。ただし内容は、ナポレオンの登場から、独裁権力の掌握、帝国の形成と拡大、ナポレオンの没落に至る過程を辿りながら、この間の政治、経済、戦争、つまりナポレオンが独裁者として主役を演じた舞台の歴史過程の記述を主としている。そして著者は、注目すべきことに、書名、及びこのような著書の構成、内容から、著書が伝記と見られることを危惧したのであろうか、「この本がナポレオンの伝記でないことは言うまでもない」と述べて弁明している。

一九六九年にはナポレオン生誕二〇〇周年を記念して、

「ナポレオン時代のフランス」をテーマに、近代史協会主催によるシンポジウムがパリ大学で開かれた。二日にわたって、四〇を超す研究発表が行われ、討議が交わされた。このシンポジウムは、ソブールが「英雄と歴史」と題して行った基調報告に見られるように、ナポレオン時代の歴史がこれまで長い間「人びとの歴史から切り離された英雄の歴史」、つまり「上から見られた歴史」であったことの反省に立ち、ルフェーヴルを継承して「下から見られる歴史」を目指したものであった。そして発表はそれぞれ人口、経済、社会、制度をテーマとするものであり、ナポレオンの行動とか思想をテーマとするものはなかった。

ジャン・ミストレル編『ナポレオンと帝国』(二巻)もナポレオン生誕二〇〇周年を記念して刊行された。編者はアカデミー・フランセーズ会員。これは生い立ちからセント・ヘレナ島までナポレオンの激動の生涯を辿った伝記である。アカデミー・フランセーズ会員で作家のアンドレ・モーロワは序文を寄せ、「ナポレオンの生涯を認識することは、歴史家が自己に課すことのできるもっとも有益な主題の一つである」と述べて、ナポレオンの伝記に特別の意義を与えた。執筆者のなかには、アカデミー・フランセーズ会員や作家、雑誌編集長などに交じって、ジャック・ゴドショやジャン・テュラールなどの大学教授を認めることができる。これら歴史学教授にとって、伝記は歴史の重要なジャンルでなくてはならなかった。

「このような精神状態に断固反対しなくてはならない」。トゥルーズ大学教授ゴドショは、伝記の重要性を説き、大学史学が伝記を文筆家やジャーナリストの仕事として軽視していることをこのように批判している。革命史を専門とするこの大学の歴史家によれば、いわゆる実証主義史学は人の一生を歴史記述するには歴史家もそのために一生を必要とする難しい仕事として避け、マルクス主義史学は歴史の主要な役割を集団に置いて個人を片隅に追いやり、またいわゆるアナール派は「事件でない」歴史を説いてきた。そしてこのようなことに大学史学における伝記軽視の理由があった。

ゴドショが、かれ自身の書いた「ナポレオンの肖像」に、オーストリアの外相メッテルニヒ、スペインの宰相ゴドイ、イギリスの作家ウォルター・スコットなど同時代人の回想を付して、『ナポレオン』を著したのもナポレオン生誕二〇〇周年の年であった。ゴドショはそこでまず初めにナポレオンの生い立ちから死までの生涯を概観し、ついで、人間ナポレオン、軍人、政治家、立法家、経済政策者、教会の長、大学の長、宣伝者、伝説制作者、と節を分けてナポレオンの生涯、行動を記述している。ただし、ナポレオンをこのようにかれの諸側面を別々にとりあげて伝記を記述したことは、小著ということもあるが、大革命と長期の戦争を生き、ボナパルト皇朝の樹立とヨーロッパ支配を企図し、一時それを実現した超人的独裁者の生涯のダイナミズムを歴史記述するにふさわしい方法であったろうか、と思う。

大学の歴史家による本格的なナポレオンの伝記はパリ大学教授テュラールの『ナポレオン』を待たねばならなかった。これはナポレオンの激動の生涯をかれの行動の舞台とともに記述した正しく伝記である。ただし性格や心情に専ら目を向け、逸話をちりばめ、教訓をたれるような伝記ではない。著者の意図は、副題が「救世主の神話」とされているように、内外の危機的状況のなかで、ブルジョアジーが見出したかれらの救世主の出生、登場、権力の掌握、没落の過程を、政治、経済、社会の文脈のなかに位置づけながら説明し記述することにあった。「ナポレオンは、一九世紀、二〇世紀のフランス史のなかでつぎつぎと生まれた救世主の原型であった」。記述の典拠史料が明記されていないてんは研究者にとって不満なところであるが、節ごとに付された厖大な刊行史料、未刊行史料、文献などの紹介、論点の整理などは、著作の問題意識、均衡のとれた構成、これまでの研究成果をふまえた節度のある厳密な記述とともに、いかにもと思えるアカデミズム史学の成果であった。

さて、テュラールの『ナポレオン』を読み、ナポレオンはわかった、ナポレオン史はもうこれで十分であると思う人もいるかもしれない。そうであろうか。すでに六、七年前のことになるが、NHKのテレビ対談で、堀田善衛氏が今は亡き桑原武夫氏にナポレオン研究を促されていたことを思い起こす。ヨーロッパの事情に詳しく、そして大作『ゴヤ』の執筆を通して、ナポレオン史研究の重要性、これまでのナポレオン史研究の不十分さをよく承知されていてそのように言われたのであろうと、当時ナポレオン史研究の準備を進めていたわたくしは、テレビを見ながら勝手に想像して意を強くしたものであった。歴史研究者は、先学の成果に不十分さを見出すか、あるいはそうでなくとも、新しい別の歴史を書こうと考えるであろう。歴史はたえず書き改められることによって、歴史の理解、興味が広められ、深められることは史学史の教えるところである。さてそれではナポレオン史をどのように書くか。

三

「伝記 vies を書く人たちは、事件よりも意図に、外に表れることよりも内から出てくることのほうに興味を持つ」。モンテーニュは伝記を書く人と歴史家を対比しながらこのように述べている。そしてルソーは『エミール』のなかでこの文章を引用しながら、「人間の心の研究をはじめるにあたって、私はむしろ個人の伝記を読むことにしたい」、と書いている。伝記は当時このように、人の行動とその意図、あるいは心、性格に視点をおきながら人の生涯を記述する歴史のジャンルとして理解されていたのであろう。そしてナポレオンはセント・ヘレナ島でおそらく死期が遠くないことを感じながら、死後にこのような自分の伝記が書かれることを予想したことであろう。歴史記述において真実を突きとめることがいかに難しいかということを論じ、さらに私のような性格の人間は大きな動機がなければ行動をしないものだと述べ、次のように語っている。

「私がじじつ全世界的な君主国の樹立を狙っていたのか、狙っていなかったのかということが問題にされることであろう。私の絶対的権威と専制的行為は私の性格に由来するものなのか、私の計算に基づくものなのか、あるいはまたそれは私の気質に由来するものなのか、状況の力によるものなのか、また私がたえまなく行った戦争は私の好みによるものなのかどうなのか、あるいはまた私は私の意に反して戦争へと引きこまれていったのかどうなのか、また、私の際限のない野心はこっぴどく批判されてきたのであるが、支配への熱望、栄光への渇望、秩序への欲求、すべての人が幸せになることへの熱意は、この野心によって生み出されたものであったのかどうなのか、これらのことが今後長きにわたって議論されることであろう。この野心についてはさまざまな面から検討されて当然である。アンガン公の結末において、また多くの他の事件において、私はどのような動機から決心を行ったのか、おおいに議論されることであろう」。

生涯史、あるいは伝記の主要な特色は、人の生涯を歴史的条件、つまり地理的、政治的、社会的、経済的、文化的文脈に位置づけ、それら歴史的条件を行動、動機、意図、イデオロギー、思想などの形成条件として理解するとともに、行動を明らかにし、動機、意図、思想、イデオロギーに行動の説明を求めながら記述を展開することにあると理解してよかろう。そしてこのような理解に基づき、わたくしは本書においてルフェーヴルやテュラールの『ナポレオン』と比較して生涯史としての性格を一層強めて記述することを意図した。このような理由から当初副題を「行動と思想」にしようと思ったのであるが、ナポレオンの一生はまさに革命と戦争を舞台とした激動の生涯であったことを考え、また革命と戦争について新たな知見を伝えることができれば幸いと考えて「革命と戦争」とした。テュラールはナポレオンに「救世主の原型」を見る。ナポレオンの生きた革命、ナポレオンの行った戦争に近代の革命と戦争の原型を見ることができよう。

（拙著『ナポレオン革命と戦争』の序文）

3　講演「フランス革命とナポレオン」

『札幌日仏協会』（一九九八年）

札幌日仏協会は発足一〇年を迎えているが、発足以来連綿として続けてきた事業にフランス革命に関する講演会、シンポジウムおよびその成果の刊行がある。その掉尾を飾るものとして、フランス革命に一応の区切りを付けたとされるナポレオンについて、岡山大学本池　立教授にご来道願い、七月二四日（金）北方圏センターにてご講演いただいた。

札幌日仏協会のお招きをいただき光栄に存じています。札幌に行けば、そのついでに小樽に行き、商大の手塚文庫を見ることができる、深瀬忠一先生（北海道大学名誉教授）から電話で講演のご依頼をお聞きした時、最初に思ったのはそのことでした。そして、昨日の夕方当地に来て今日午前中は小樽商大の図書館でフランスの「歴史総合評論」（一九〇〇～一九一四）を見てきました。これは後のアナール派の形成に大きな役割を果たした雑誌ですが、そこにリュシアン・フェーヴル（アナール派の創始者）の文章が予想以上にたくさんあることが分かり驚きでした。また全く予期せぬことに「ナポレオンI世」という論文（一九〇三年二月号）があり、そこにこの三〇年の間にナポレオン史が大いに発展したと書かれていました。これはフレデリック・マソンを代表とするナポレオン史家がナポレオンについて多くの著作を著したことをさすのでしょう。

ナポレオンの死後（一八二一年）今日までじつに多くの伝記が書かれてきました。ナポレオン史、ナポレオン史家という語があるほどです。ナポレオンに関する研究雑誌も二種類あります。ただし注目すべきことに、これら伝記はほんの数人を除いて大学の歴史学教授以外の人によって書かれたものです。ナポレオン史家と呼ばれる歴史学者のなかには大学教授は一人もいません。フランスの大学教授がジャン・テュラール（『ナポレオン』一九七七年）を除いてナポレオンの伝記を書かなかったのは、伝記を学問の対象と認めてこなかったからでしょう。伝記はアカデミズム史学にとって歴史ではなかったのです。フランス革命史家として著名なジョルジュ・ルフェーヴルは『ナポレオン』（初版一九三六年）という書名の本を書きながら、これはナポレオンの伝記ではないと断っているほどです。

大学の歴史学教授がナポレオンの伝記を敬遠してきたもう一つの理由は、フランス共和政を葬りヨーロッパを征服した帝国主義者皇帝ナポレオンが革命活動家であったことなど、フランス革命を神聖視する人には認めがたいことであったでしょう。それにナポレオンの革命活動の主要舞台はコルシカであり、これまた厄介な問題であったことでしょう。地中海に浮かぶこの島はフランス領ですが、フランスにあって異質の存在であり、今なお独立運動が続いています。

国家元首ナポレオン、皇帝ナポレオンを理解するためには青年ナポレオンの革命体験を知ることは不可欠と思います。たとえばナポレオンはブリュメール一八日のクーデタ（一七九九年）の直後、新憲法の可否を国民投票に付しています。更に一八〇二年には統領の終身性、一八〇四年には皇帝の世襲制、一八一五年には帝国憲法附加法を国民投票に付しております。このような国家の根幹に係わることを国民に問いかけ、国民の意志に委ねるということは、これまでのフランスの歴史、ひょっとしたら世界の歴史になかったことでしょう。『ルソーとナポレオン』の著者F・G・ヒーレーによれば、国民投票は、ナポレオンと人民（国民）people のあいだに結ばれた契約でした。ナポレオンは統治の正当性を国民の意志に求めたものと理解してよいでしょう。ナポレオンが国民主権の原理を啓蒙思想と革命から学んだことは、イタリア遠征のころ（一七九七年）の外務大臣タレーランへの手紙からも知ることができます。

ナポレオンはフランスの植民地支配下におかれたコルシカに生まれ（一七六九年）、九歳の時フランスに渡り、兵学校、士官学校で学び、一七八九年に革命が勃発した時、砲兵中尉でしたが、この間ずっと王政批判者でした。またルソーやレナール神父などの啓蒙思想に親しみ強い影響を受けていました。そして革命の勃発に歓喜し、主としてコルシカを舞台に革命運動を続け、その過程で共和派になりました。国王ルイ一六世の処刑（一七九三年）は君主主権に対する国民主権の勝利を示す象徴的大事件でした。ナポレオンはこの国王の処刑に賛成しています。その後ジャコバン独裁の熱烈な支持者でもありました。そのことはそのころかれの書いた小冊子『ボケールの晩餐』によく示されています。

ただし注意すべきことに、ナポレオンは大衆行動、民衆運動に恐れを抱き嫌悪していました。ジャコバン独裁の基盤は民衆運動にあったこと、革命が民衆運動を梃子にして推進されたことは周知のことですが、ジャコバン派ナポレオンは事実そうだったのです。ナポレオンは生粋の軍人であり、秩序、規律を尊びます。ジャコバン派とナポレオンの共通点はともに熱烈な愛国者だったことです。ともに外国軍の侵略に危機感を持つ愛国者でした。ナポレオンがジャコバン独裁を支持した理由はその点にありましょう。

共和政、ジャコバン独裁は人民 people のためという原理を大義名分として実現したものです。国民主権、ナポレオンの言う人民主権を原理としています。ナポレオンは民衆 people の集団行動を嫌悪しています。しかし、啓蒙思想に共感し、革命運動に挺身したナポレオンは、国家権力の座に就くと、その原理を利用して、人民（国民）people の意志を統治の正当性の根拠にしたと理解してよいのではないでしょうか。

4　国際歴史学シンポジウム

(一)女性不在の歴史は可能か

―フランスの女性史研究の現状

一

「女性の歴史家たちが女性を『見える』ようにしようと思うようになってから二五年になる。この間、女性の歴史家たちは女性史は可能であろうかと自問してきた」。昨年一一月二七、二八、二九日に三日間ルーアン大学で開かれた国際シンポジウム「女性不在の歴史(学)は可能か――認識論的検討及び研究法の多様性」の主催者代表アンヌ―マリ・ソーン氏(ルーアン大学教授、現代史、女性)はシンポジウムを統括した文章の冒頭でこのように述べている。

フランスのアカデミズム史学で女性史研究が始まったのは一九六八年の五月革命以後のことである。その背景にはフェミニズムの興隆があった。女性史研究はフェミニズム運動のなかから生まれたと言ってよかろう。一九八六年に刊行された『歴史科学事典』には、女性史が学問としてその地位を確立したのはつい最近のことであったと記され、「フェミニズムは、社会や人口について男性の歴史家によって蓄積されてきた知識を批判的視点から分析し直さなくてはならないという動機をもたらした。女性は現在の諸問題にもっと武装して立ち向かうために女性の過去の生活状態を知りたいと思うようになった」、と説明されている。

女性史はこのように、男性社会、及び男性によって書かれてきた女性不在の伝統的歴史学、第二次世界大戦後にアカデミズム史学の主流となった社会史への異議申立という闘争的、論争的性格を当初から持っていた。そして一九九〇年代半ば以降、女性史は一種の社会運動の性格を持ち、いくつものシンポジウムを開きながら、多数の女性の研究者をひきつけていった。一九八八年から一九九二年にかけて刊行された『西欧女性史』はそれら女性史家たちの研究成果を示すものであった。五巻から成るこの大著の内容は古代から現代に及び、執筆者は少数の外国人を含めて七〇人を超えた。監修者は歴史家として著名なジョルジュ・デュビとミッシェル・ペローであった。

反響は大きかった。完結してまもない一九九二年一一月、この著書をめぐってパリ大学（ソルボンヌ）でシンポジウムが開かれ、一〇〇〇人ちかい聴衆が会場を埋め熱気に溢れた。このシンポジウムについては、その記録が刊行され、わが国でも邦訳『「女の歴史」を批判する』が出ている。

この邦訳にその書評が収められている社会学者のピエール・ブルデュ（コレージュ・ド・フランス教授）によれば、大学の男性教授の間では、女性史は従来の歴史学の方法を脅かす危険性はないものと考えられ、うわべで賛辞しながら無関心が定着したという。女性史は結局、固有の方法を見出すことができなかったのであろうか。『西欧女性史』には、表象の記述に偏重していること、法の記述が欠除しているという批判もあった。

フランスの女性史は今後何を求め、どのように地平を切り開いていくのであろうか。それとも『西欧女性史』でもって終わりとするのであろうか。フランスの女性史はわが国の女性史と比べてどのような特徴があるのであろうか。シンポジウムの開会の前、久しぶりにお会いしたモーリス・アギュロン氏（コレージュ・ド・フランス教授、近現代史）とジャン―ピエール・シャリーヌ氏（パリ大学教授、近代史、ルーアン在住）には、「フランスの空気を吸うためにやって来ました」と述べて再会の挨拶をしたのであるが、今回のシンポジウムには、送られてきた招待状とプログラムを見て、そのような思いを胸にして出かけたのであった。エピソードになってしまうが、先の私の挨拶に、アギュロン氏は「御世辞ですね」と答え、かつて御案内した倉敷水島の三菱自動車工場の思い出を語りながら私の出席を喜んで下さった。他方シャリーヌ氏は「そうですね」と答え、そしてアギュロン氏やペロー氏、かつての彼の同僚であったクロード・マゾリク氏（ルーアン大学名誉教授、フランス革命史）にも挨拶することなく、会場に入らないで帰ってしまった。シャリーヌ氏にとって女性史のシンポジウムは場違いなものであったろうか。シャリーヌ氏は熱心なカトリック教徒であった。

二

シンポジウムはルーアン大学の学長の挨拶で始まった。ヨーロッパ委員会の女性委員の挨拶もあった。委員会が開催費の一部を負担したからであった。国際学会には一般にヨーロッパ委員会の補助があるようだ。そして今回のシンポジウムは正しく国際的であった。主催者は、モーリス・アギュロン、ミシェル・ペロー（パリ大学名誉教授）、アラン・コルバン（パリ大学教授）、アントワーヌ・プロスト（パリ大学教授）など国際的に名の知られた歴史家を司会者に配して外国の客人に向けて意気込みを示した。ルーアン大学所在地のモン・サン・ユニャンの町長は出席者を庁舎に招き歓迎の辞を表した。

三

〜　シンポジウムの報告題目略　〜

シンポジウムは文字通り国際的であった。報告者二四人のうち、一一人までが、アメリカ（四人）を筆頭に、イギリス（三人）、ギリシア、カナダ、イタリア、ドイツなど外国の大学教授、しかもすべて女性であった。司会者にもイギリスとオーストラリアの二人の男性大学教授が加わっていた。このシンポジウムにはフランスの女性史研究を外国との比較において相対化し豊かにしようという主催者の企図があった。

主催者の企図は国際的比較ということのほかに、主題に示されるように、歴史記述と概念の再検討、男女の性差の問題とフェミニズムの再検討、女性史の知識をいかに伝えていくかという問題の再検討、これらの検討を促し呼びかけることにあった。

第一日のシンポジウムでは「visible」（「見える」）という語がとびかった。それはこれまで女性不在の歴史が書かれてきたことを批判し、女性が見える歴史を書こうという主張を表す語であった。その主張は概念の捉え直しを提起する。たとえば政治、国民、移民という概念がそうである。古代ギリシアでは政治は男だけのものであった。フランスで女性に普通選挙権が与えられたのはアメリカやイギリスよりはるかに遅れて、ようやく一九四四年のことであった。フランスでこのように遅れたのはなぜか。女性が政治から排除されてきたのはなぜか。また移民は男性、次いで「移民の女性化」が続き、共同体が形成された。また労働組合でも活動家は男性によって占められていた。このように女性に目を向ける、女性を見えるようにしようとすると、既成の概念は色あせ捉え直しをせざるをえない。

もうひとつ頻繁に出た語は、genre、gender（社会的性差）である。社会的性差はどのように形成されてきたのか。政治、軍隊、さらに労働組合までもが女性を排除してきた。女性の歴史家たちはそれらに社会的性差の主要な要因を見る。とりわけ彼女たちが重視するのは政治である。政治が男性を作り、歴史を作る。歴史は政治を主題としてきたために、女性不在の歴史が書かれてきた、と見るためである。

gender を意味するフランス語 genre は、ジョーン・スコット著『ジェンダーと歴史学』が仏訳されて以来広まった。この語に象徴されるように、女性史はアメリカの影響が大きい。そのことは今回のシンポジウムでも見られた。一人の報告者は映画に見られる女性像の歴史というテーマを取りあげて、フランスにはこのような研究が欠けていることを指摘し、また他の一人はイタリアの女性史研究を辿りながらそこにアメリカの影響があったことを述べ、また男性と見間違えそうな報告者は、レスビアン史の研究がフランスのアカデミズム史学に欠けていること、その歴史は社会制度を「見えるようにする」ものである、とその意義を述べた。

女性が排除されてきたのは政治の世界だけであろうか。歴史学の世界はどうか。第三日の報告はその点に向けられた。一人の報告者（男性）は、女性は古文書の仕事、歴史学は男性の仕事として区分けされてきたことを指摘し、またパリ大学の女性助教授（教育学）は、アメリカでは女性に学位取得者、歴史学大学教員が増えつつあるという報告を受けて、女性学のためのポストが大学で制度化されるべきと述べて、ともに会場の女性出席者の拍手を呼んだ。

シンポジウムはこうして、「女性不在の歴史は可能か」という問いかけで始まり、「女性不在の歴史学は可能か」という問いかけで終わった。シンポジウムの答えはもちろん「ノン」である。

四

三日間、会場は熱気があった。フェミニズムの活動家もかなりいたようだ。家族計画協会や政党の人も出席していたらしい。男性の出席者から、シンポジウムは成功だったと思うかと尋ねられ、活発な議論に感銘を受けた、とわが国の学会のことを思い浮かべながら答えておいた。主催者代表のソーン教授は今回のシンポジウムを次のように総括している。

　このシンポジウムは、女性史が成熟したことをよく示している。アメリカの女性史学にとってなじみ深いつねに有益な学際的な検討を超えて、歩みを進め、正統性を確実にすることができた学術的シンポジウムであったことをまず指摘しておかねばならない。概念形成の前進、また男性性の歴史というような新しいテーマの出現、両性の歴史家（大多数はやはり女性であったが）の参加などがそのことを示している。しかし女性史は正統性を獲得しただけではない。歴史学のすべての問題に関わりながら、女性史は今後、研究全体を豊かにし利益をもたらすことであろう。歴史学は、両性の協働なしには、また階級や宗教とともに、分析概念として性差、「ジェンダー」という概念の導入なくして不可能であることがこのシンポジウムによってはっきりと示された。そのうえ、さまざまな国の歴史家、とりわけヨーロッパ、フランス、アメリカの歴史家の間で意見を交わすことによって、さまざまな問題、さまざまな問いかけが伝わっていった。このような国際的出会いによって、研究の多様性が明らかになった。そして私たちは今後、女性史、あるいは「ジェンダー」の歴史の方法は、決してひとつではないことを肝に銘じておかねばならない。このような出会いは、女性史研究における多様性と精神的自由をとりわけ重視しているのである。

　女性史は、女性の闘争史なのか、それとも学術的歴史なのか。ピエール・ブルデュは前述の書評でこのように問いかけている。そして五年後、このような問いかけに、ソーン教授は、今や女性史は成熟し、シンポジウムは学術的であったと答えているのである。

　たしかに女性史は闘争的性格を弱めたようだ。ただし、女性史がフェミニズムを源泉としていることに変わりない。発表者は二四人のうち男性はわずか三人にすぎなかった。会場は圧倒的に女性によって占められていて、数少ない男性の発言に女性の報告者は侮辱的と言い返す場面もあった。司会者のミッシェル・ペローさんが「私はフェミニストではない。しかし……」と言うと、会場は大きな拍手で応えたものであった。当日のペローさんは活動家に見えた。シンポジウム最後の統括で、フランソワーズ・デボー氏（リヨン大学助教授、女性）が述べたように、三日間会場の男性は居心地の悪い思いをしたにちがいない。

もうひとつエピソードを紹介すると、私の親しいルーアン大学の助教授は、三日目の昼食の時、前に座っていた女性（パリ大学助教授）から、彼が専門としている社会政策史はつまらないと言われて忿懣やるかたないという面持ちであった。私が彼に、「でも彼女はにこやかだったじゃない」と言うと、「表面はね」と応えたものであった。

今回のシンポジウムについて、アメリカの影響が強過ぎるとか、女性史はやはりゲットーであるという批判が後であったという。アメリカの女性史についてもゲットーという批判があるようだ。ピエール・ブルデュは五年前に、女性史は女性に独占されるかもしれないと前述の書評のなかで述べている。フランスでも女性史は閉鎖的と見られているようだ。

それにしても女性史は元気がよい。一九九八年二月には、スイスで「ジェンダーとその方法」というテーマで女性史国際連盟主催の歴史学会が開かれることが会場で伝えられた。わが国からの参加はおおいに歓迎されることであろう。

（山川出版社『歴史と地理』五一三号、一九九八年）

（二）総裁政から統領政へ

―フランス革命史研究の新しい動向とアカデミズム史学

はじめに

フランス革命から誕生した共和政国家は、国民を統合し安定した国民国家を創出したのであろうか。フランス革命史二〇〇周年以後、フランス革命史研究はそのような問いかけを中心課題としているようだ。一七八九年よりブリュメール一八日のクーデタまでの約一〇年間をひとまとまりとして捉えねばならないという提唱は、このような問いかけに呼応したものである。そしてこのような問いかけや提唱は、これまでの革命史が、専らテルミドール九日事件（一七九四年七月二七日）までの革命運動や政治的、社会的変革に集中していて、それ以後の総裁政期の研究が等閑にされてきたことへの反省を伴っている。

私自身、拙著『ナポレオン』を書いたとき、総裁政期の研究がそれ以前の革命期と比較して極端に少ないことを意外に思ったことがある。また当時の政治指導者たちが、総裁政府は破滅に瀕していたと書き記していることを新鮮な驚きをもって読んだ。そしてこのような認識にそって、私は先の著書で、総裁政府について、同盟軍の攻勢に直面しながら、経済危機、財政危機、政治危機に喘いでいたこと、そしてその後ナポレオンのクーデタによって誕生した統領政のもとで秩序が回復したと説明した。ナポレオン賛美者はこのような秩序回復を奇蹟と呼んだ。他方、これまでフランス革命史研究の主流は、その奇蹟を伝説にすぎないとして否定してきた。

二

さて、このところ三回にわたって「総裁政から統領政へ」と題してフランスで国際シンポジウムが開かれた。第一回は「大国民と地方の政治的紐帯」の副題でヴァランシエンヌ大学で、第二回は「市民の大国民への統合」の副題でリール大学で開かれた。そして第三回が昨年三月末に「政治的紐帯の歴史および国民国家の歴史における ブリュメール」の副題で三日間にわたってルーアン大学と県庁舎で開かれた。

大国民とは、先の拙著で書いたように、総裁政期のイタリア遠征の時にナポレオンがフランス国民に与えた呼称であり、侵略を正当化する帝国イデオロギーの語であった。総裁政府は侵略を容認し、侵略を推進した。総裁政期は革命史の画期であった。そして総裁政府はブリュメール一八日のナポレオンのクーデタによって消滅した。総裁政期のどのような政治的、社会的、経済的背景からクーデタは国民にどのように受容されたのか。第三回シンポジウムの主題はこのようなてんにあった。言い換えれば、政治的紐帯という用語に示されているように、総裁期の政治的秩序の形成および崩壊はどのようであったかと問いかけ、参加者はそれぞれの研究成果を持ち寄り議論を交わすことにシンポジウムの目的があった。そしてその研究の対象はパリではなくて地方とされたのは、総裁政期には、革命の主舞台はむしろ地方にあったという認識があった。

私は主催者のジャン・ピエール・ジセーヌ教授（ルーアン大学）から招待状を送っていただき、第三回シンポジウムに出席した。参加者は五〇人を超え、その多くはもちろんフランスの大学の研究者であったが、そのほかアメリカからはアイサー・ヴォロク教授（コロンビア大学）など数人、イギリスからは、アラン・フォリスト教授（ヨーク大学）、そのほかイタリア、カナダ、ベルギー、チュニジアなどから大学の歴史学教授が参加したまさしく国際シンポジウムであった。三日間のそれぞれの報告の題目（報告者名は省略）は次頁（略）のとおりであった。なおそのほか、「図像と映画で見るボナパルトとブリュメール一八日」、「総裁政共和国、統領政共和国、市民、大国民、ヨーロッパ――フランス革命の遺贈と遺産の放棄」と題して二つの座談会もあった。前者にはナポレオン史の第一人者ジャン・チュラール教授（パリ大学）、後者には革命史家として著名なクロード・マゾーリク名誉教授（ルーアン大学）や軍事史の第一人者ジャン・ポール・ベルトー教授（パリ大学）などが加わった。

このように朝九時から夜七時までじつに盛り沢山の報告や座談会があり、議論が交わされた。そのほか大学食堂や県庁食堂で一緒に昼食をし、夜にはまたルーアンの街中のレストランで宴会があり、議論と料理ともてなしを満喫しながら、最終日にはさすがに疲れ気味で、シンポジウム会場で隣席のアラン・フォリストさんと「疲れますね」とお互いに笑い合ったほどであった。

国際シンポジウム（二〇〇〇年三月二三―二五日）

第一部　総裁政から統領制へ――政治的紐帯の歴史及び国民国家の歴史のなかのブリュメールの位置づけ

～　略　～

第二部　県制と自治体

二

三日間でもっとも議論が白熱したのはやはり初日の冒頭のシンポジウム「秩序と無秩序」であった。総裁政期に各地で、殺人や暴力沙汰が頻発し、盗賊が横行したことが報告された。クロード・マゾーリク氏は、そのような状態を無秩序と呼ぶことに激しく反発した。「無秩序とはなにか。今のルーアンの街は無秩序なのか」。両者の対立はフランス革命の評価に関わる。革命は無秩序を引き起こし、クーデタの首謀者、共和政を葬ったナポレオンは秩序を回復したというのか。氏はそのように直截には言わないが、発言の裏にはそのような本意があるものと想像しながら、またジョルジュ・ルフェーヴルやアルベール・ソブール（マゾーリク氏の師）が総裁政期と統領政期の連続性を協調していたことを思い起こしながら、氏の弁舌に聞き入った。事実はどうか。その日の夜の宴会ですでにワインでお互いに寛いだ気分になったところで、暴力や盗賊の横行について意見が割れたことに特に興味を持ったと言って同席者の意見を誘った。私の関心のありかは十分に理解されたことであろう。剣道三段の腕前という若いピエール・セルナ氏（パリ大学）は、フランス革命二〇〇周年以後、研究者の革命にたいする態度が変わったと述べながら、当時、暴力や盗賊行為が、現在のシチリアのように、犯罪とは思われてはいなかったことが問題だと言い、またダニエル・テセール教授（カーン大学）とギー・ルマルシャン名誉教授（ルーアン大学）は、裁判文書を使うか警察文書を使うかによって認識が違ってくると教えてくれた。

ともあれ地域差はあるが、総裁政期の暴力や盗賊の横行は否定できない事実のようだ。またこの時期、軍が治安にあたっていたらしい。じつは私は拙著『ナポレオン』を書いたころそのようなことは知らなかった。総裁政期について今書くとすれば、前述した諸危機にさらに社会危機を書き加え、また軍の治安の役割についても論究しなくてはなるまい。

革命研究者の世代が変わった。新世代の研究者は、客観的になり、革命期の政治諸派に自己のイデオロギーを一体化させながら対立することはなくなったようだ。

それにしてもシンポジウムの議論はなんと活発なことであろう。マゾーリク氏やチュラール氏、ベルトー氏など長老とも言える著名な教授たちの発言はなんと力強いことであろう。それは意見交換というより、自己の正当性を述べ他者を説得しようとする言わば討論である。ヤニク・マレク教授（ルーアン大学。最終日に「国家代表官、県知事、道程」の司会を務めた）にそのことに強く感銘を受けたことを伝え、あなたがたはレトリックの伝統があるのですねと言うと、「そうです、日本ではそうではないのですか」と笑いながら答えたことであった。議論だけでなく、学問の本質もレトリックではあるまいか。

シンポジウムは学識を競い合う場である（私は学位論文の口頭審査はsoutenance〈自分の意思を主張する意〉であることを思い起こした）。夜の宴会はお互いの健闘を振り返る場であり、また同職仲間の親交の場でもあった。初日の宴会で、驚いたことに、最後にジセーヌ教授の音頭で革命期にはやった「ラ・カルマニョール」（註）を歌い始めた。一人が歌い出し、全員が唱和し、次から次へと続くのであった。アメリカの教授も歌った、ナポリ大学の女性教授はすばらしいアルトで歌った。歌詞を知らない私は、いくぶん仲間はずれになった気分で、教授職はギルドですよ、とたしか中世史の高山博さん（東京大学）が言っていたことを思い起こした。そう言えば、教授たちからもらう手紙の書き出しは「親しい同職仲間」という呼び掛けであり、助教授は「討論の親方」と呼ばれる。

三

第二日と最終日は、会場は「神の館」病院を最近改造して建設された県庁舎に移された。そして最終日の締め括りとして、セーヌ・マリティーム県知事が「知事の職務の最近の変化」と題して講演した。今日では、地方分権化が進み、メディアが発達し、そして知事の仕事は、治安や環境、排除された人びとの問題などじつに複雑になったと、ナポレオン時代との違いを簡潔に述べ、テレビカメラのライトを浴びながら、多数の出席者の拍手を受けた。

フランスの知事制は、一八〇〇年二月第一統領ナポレオンによって制定され、今年は二〇〇周年であった。その制定は革命期の地方制度を一掃し、革命の終結を全国に知らしめた。知事はナポレオンに任命され、ナポレオンの代理人として地方で権勢を顕示した。中央集権制が復活した。ただし知事と革命前の地方総監との違いは明らかであった。最終日のシンポジウムで交わされた議論は一つにそのてんにあった。

知事の講演はもちろん知事制制定二〇〇周年記念として企画されたものであった。ただし、講演後の知事への拍手は、講演だけでなく、シンポジウム開催の支援にたいする謝意が込められていたことであろう。その後、知事はさらに県庁舎の大広間で開かれた「共和主義者の宴会」に参加者を招待した。

それにしても、例えば明治維新をテーマにして、わが国でこれだけの質と規模の国際シンポジウムを開催することができるであろうか。そのためには主管大学に相当の人数の人材が必要であろう。ルーアン大学の場合、古代史と中世史を除いて、フランス近代史は教授三人、助教授五人、フランス現代史は教授三人、助教授四人と、わが国の大学と比較してその数ははるかに多い。そのほか退官後も大学院生を教えることのできる名誉教授がいる。マゾーリク氏やルマルシャン氏がそうである。そしてジセーヌ教授を中心にして、これらスタッフが開催準備にあたり、またシンポジウムや座談会の司会を務めた。私はシンポジウム開催の苦労に思いをはせながら、宴会が終わると、他の参加者に倣ってジセーヌ教授に挨拶し、友人のマレクさんや若いパスカル・デュピュイさんらと一緒に会場を後にした。

（註）カルマニョールはサンキュロットの愛着した上着と皮製の長ズボン。次のような歌詞がある。

　拒否権氏（ルイ一六世のこと）夫人が約束した、
　パリをすべてなぶり殺してやると、
　彼女の闇討ちは失敗した、
　われらの砲手によって。
　ラ・カルマニョールを踊ろう、
　砲声万歳、砲声万歳。
　拒否権氏は約束した、
　国に忠実であると、
　だが彼は約束を破った、
　やっちまえ。
（山川出版社『歴史と地理』五四一号、二〇〇一年）

第七章　歴史教育の危機、歴史離れを嘆く教師たち

ルーアンの町で

ことし（一九八〇年）の三月、フランスでは、新聞、雑誌、ラジオなどで、「歴史教育の危機」をめぐって、さまざまな議論が交わされた。そのころ私は、歴史研究のために、ノルマンディの中心都市ルーアンに滞在していて、「歴史教育の問題」、「子供に歴史が教えられていない」というような見出しの新聞記事を読んだり、またラジオ放送で、小学校の先生が、子どもはジャンヌ・ダルクを知らないというような発言を聞いて、本当にびっくりしてしまった。

一体これはどういうことか。フランスは歴史の国ではなかったのか。「フランス人が追憶と過去の中に生きる程度の強さはわれわれドイツ人の比ではない」、「フランス人が過去を崇敬する気持ちは、時代遅れのロマン主義ではない。それは現実と緊密に結びついて、現在および未来を作り出すところの本能である」（『フランス文化論』）。E・R・クルティウスは、ドイツと比較してフランス文化についてこのように述べているが、彼の著者が五〇年前のものであったとしても、この指摘が現在でもなお正しいものと私は考えていた。

そのフランスで、歴史教育がおろそかにされて、ジャンヌ・ダルクを知らない生徒がいるというようなことは事実なのであろうか。元技師のホテルの主人にも尋ねてみた。親しいリセの教授にも尋ねてみた。「ジャンヌ・ダルクを知らない生徒がいるなんて本当だろうか」。二人ともありうることだと答えた。ついで言うと、ルーアンは、ジャンヌ・ダルクが宗教裁判にかけられ、処刑された歴史の町である。

フランスは変わりつつある。一九七八年に一年間パリ

で留学生活を送った時には、むしろ古い生活が持続されていることに驚いたものであった。今回ルーアンでは、短期間のホテル住まいの滞在であったが、フランス社会の変化という事実を「発見」したと言えるほどに強く印象づけられた。

日本と同じような広大な団地群、スーパーマーケットやセルフサービスレストランの繁盛ぶり、街路の掘り起こし、ジャンヌ・ダルクが処刑された広場に最近建てられたばかりの風変わりな聖堂、こうしたことに私はフランス社会の目ざましい変化を感じとっていた。それにパリからルーアンへの車中で、雑誌『フィガロ』に載せられた「フランス文化はおしまいか」という評論を読み、フランス文化もアメリカ文化の波に押されてついにここまで変わったという憂うつな思いをフランスに着いて早々に体験していた。アメリカ文化の波といえば、そのころ、『植民地化されたフランス』（ジャック・ティボ著）という本が出て話題を集めていた。

「目ざまし科目」の導入

歴史教育論争の口火となったのは、歴史雑誌『イストリア』の主催で、その四〇〇号を記念して、三月四日にパリで、「フランスと歴史教育」と題して行われた公開討論会であった。討論会には、歴史家のエマニュエル・ル・ルワ・ラデュリや、フェルナン・ブローデル、アラン・ドコ、ピエール・グベール、また文部大臣のクリスティアン・ブヤック、元文部大臣のエドガール・フォールなどの著名人や、初、中等教育の歴史教師などの多くの人が集まり、活発な意見が交わされた。

「歴史教育の崩壊」とか、「歴史教育の壊滅」というような言葉が飛び交い、興味深いことに、政治的立場を超えて、多くの者が現在学校で行われている歴史教育を批判した。

この公開討論は、世論に衝撃を与えたようで、翌日から新聞やラジオでは、この討論会のショッキングな議論を伝えるとともに、政党や識者の意見を紹介した。またそれ以後、このテーマをめぐって各地で集会が開かれたようであった。そして、三月、四月と続いたこのような歴史教育をめぐる様々な議論は、多くの人々に、歴史教育の「危機」、「崩壊」を強く印象づけることになったようである。『教育ル・モンド』五月号は次のように伝えている。「前期中等教育では歴史はもはや教えられていないという風評が広がり、また小学校における歴史教育の消滅は既定の事実として考えられている」。本当に歴史教育は消滅したのであろうか。それは風評にすぎないのであろうか。消滅が事実ならば、それは危機を通りすぎた状態であって、危機をいまさら唱えること自体、奇妙なことではなかろうか。それなのに他方では歴史教育の危機を唱える人がいるのはどういうことであろう。

歴史地理教師連盟の事務局長は、政治がここ二〇年来とってきた歴史教育政策を「歴史追放政策」ときめつけるとともに、「歴史教育の危機」については、例えば、一九六三年に海軍学校と空軍学校（ともにグランド・ゼコールの高等教育機関）の入学試験科目から歴史が除かれたこと、一九六五年にはバカロレア（大学入学資格試験）から歴史の筆記試験が廃止されたこと、一九六九年には「目ざまし科目」の導入によって、小学校では歴史の授業が消滅したこと、一九七五年には前期中等教育課程に対して歴史の授業に新しくテーマ別個別史指導が導入されたこと、そしてそれに伴って歴史の授業では年代順通史が教えられなくなり、生徒は歴史の年代を知らないようになった、という事実を挙げている。

私はこの事務局長の談話を日刊紙『ル・マタン』（三月一七日付）で読んで、まったく驚いてしまったが、ここで挙げられている驚くべきことが事実であるかどうか確かめる余裕もなく、その仕事は帰国の宿題とした。

現場にみる歴史教育の改革

広島大学教育学部教授平田嘉三氏には、すでに、「目ざまし科目」を主とする最近のフランス歴史教育の改革に関するいくつかの論文があり、この改革について次のように述べられている。「一九六九年以降、幼稚園、小学校および前期中等教育段階に漸次とり入れられてきた三区分教授法の普及や、一九七二年五月二日付の目ざまし科目に関する文部省令等によって、フランスの歴史教育の革新は一段と進められていった」（「フランスの歴史教育」『歴史教育学事典』所収）。

平田氏の論文は、主として文部省令に基づき、その内容、意図を敷衍したものであり、それだけを見るならば、三区分教授法や目ざまし科目は、社会経済の急激な変化に対応し、教育全般の近代化を目指したものであり、また旧来の歴史教育方法に対する反省に基づいた意欲的な改革を目指したものだけに、たしかに革新的なものとして評価もできよう。

しかし法令やその意図が、必ずしも実態そのものを示すものではないことはよくあることであって、この場合でもこの改革が教育現場でどのように実行されているかを見ないならば、この改革の実態を理解することはできないであろう。ましてやこの改革が「歴史教育の危機」、「歴史の崩壊」を引き起こしたとするならば、この改革をして革新を一段と進めたものと評価することにも、疑問がでてこよう。

（イ）初等教育

歴史の授業が決定的に変わったのは、授業科目に「目ざまし科目」が導入されてからのことである。この科目は、旧来の学科目制が現代社会に適合していないという反省に立って再編成され、新設された学科目の一つである。

生徒の積極的な学習意欲を高め、学校教育を生き生きとしたものにすることを目指して、一九六九年に新しく設けられたものであった。そして現在、一週間の授業時間二七時間のうち七時間がこれに当てられ、この時間に歴史、地理、公民教育が教えられることになっている。

しかし実際には、授業内容はクラス担任の先生（日本と同じように、一般に、担任の先生が全科目を教える）に任されているために、先生の教育方針、能力、関心のあり方によって、歴史、地理、公民教育を教える時間配分、またその内容はさまざまである。

それでは歴史はどのように教えられているのであろうか。一九七八年にパリ近郊の小学校の先生約八〇〇人を対象として行われた調査（『教育ル・モンド』一九八〇年五月）によれば、驚くことに、そのうち二五～三〇％の先生は歴史を全然教えていない。約二五％の先生は時たま歴史の一コマを教える。規則的に歴史を教える先生はわずか四〇～五〇％にすぎない。

さらにこの四〇～五〇％については、それら先生のうち約五〇％はフランスの通史を教えており、その他、ある先生は視聴覚教育機器を使用してフランスの古代史、中世史を教え、またある先生は文部省の通達に従ってテーマ別個別史を教える、というような結果が出ている。ともかく、この調査によれば、目ざまし科目の時間に、フランスの年代順通史を教える先生は三〇％にも達していないことがわかる。

三月にパリで開かれた公開討論会でも、またその後の識者の発言においても、テーマ別個別史の歴史教育は、伝統的通史のそれと対置されて、それが導入されるようになってから、生徒はフランス史の基本知識、年代を知らなくなったという理由から、しばしば批判の的となった。それは、農業の歴史、都市の歴史、宗教の歴史というような、個別テーマの歴史のことである。

この歴史教育は、地域史と共に、目ざまし科目の導入のさいに、旧来の伝統的歴史教育、つまり先生が教壇から一方的にフランスの通史を教えるという指導を反省し、生徒が積極的に史料にあたったり、調査したり、聞き書きなどをすることで、生徒に歴史に参加させ、また教室ではこのように集めてきた知識を素材にして討論させ、こうしてこれらのことを通して、生徒の批判力と人間性を鍛えることを目的として奨励されたものである。

実際には、地域史の授業が行われていることが多いようであるが、それも一九世紀、二〇世紀という近現代史の特定の時期が選ばれる。

例えば、レジスタンス運動やドイツ軍占領時代の村の生活、アルジェリアの体験などについて、しばしば「しろうと歴史家」と呼ばれる近隣のおじさんやおばさんから教室で聞くことが多い。

（注）一九七五年制定のアビ法の改革によると、一週間の授業時間は二七時間、そのうち、目ざまし科目は七時間になっている。（『フランスの教育』教育調査第一〇〇集。文部省大臣官房調査統計課）。ところが、ルーアンの小学校の先生によれば、一週間の授業は約三〇時間、目ざまし科目は六時間とのこと。地域によって実情は異なるのかもしれない。

（ロ）中等教育

中等教育は、一一〜一五歳の生徒を対象とする四年間の前期中等教育課程と、一五〜一八歳の生徒を対象とする三年間の後期中等教育課程に分かれる。

中等教育課程における歴史教育は、ルネ・アビ文部大臣によって進められた、いわゆるアビ改革にかかわっているために、これまでも政治問題となって、しばしば論議の対象になってきた。この改革は、教育制度の近代化を標榜して、一九七七年九月の新学期から、前期中等教育課程に対して実施されたものである。フランス世論研究所の調査（『教育調査』第九五集）によると、実施当初、中等第一学年生徒の父兄の七〇%以上が「よい」、あるいは「非常によい」と答えており、父兄の間でかなり評判の良いものであった。しかし地方では、教師、父兄、労働組合、知識人などの強い反対もあった。この改革については、わが国でも白井健三氏の論評があるが、白井氏はこの改革の性格を次のように説明している。

「アビ改革案が、リセにおける哲学教育課程における時間数の削減や安易化をもくろんでいることは、七面倒臭い哲学を無用のものとし、管理社会の適応に必要な実際的知識を重んじるとする、すこぶる企業的政策的な、端的に言えばテクノクラティックな政策である」(『世界』一九七九年七月号)。

たしかに、この改革は管理社会、あるいは現代の産業社会に適合的な実際的知識を重んじたものであって、そのことはフランスの伝統的教科の授業時間が削減され、逆に理科や技術の授業時間が増えたことにも端的に示されている。歴史の場合、中等第一学年については、これまで地理・歴史・公民教育などを一括した社会の授業は、一週三・五時間であったものが、三時間に減らされた。

さらに歴史の場合、この改革によって、テーマ別個別史の授業が導入されるようになり、歴史教育問題にまた一つの論争の火種を呼び起こすことになった。ただし、これは今までのところ第一学年と第二学年にのみ実施されているようで、第一学年では、農業史、建築史、西洋宗教史など、第二学年では、交通史、通商史、都市史などが教えられている。ところがこの新しい試みのため、一般通史(わが国の世界史と理解してよかろう)を教える時間が極度に窮屈になった。

第一学年では古代史、第二学年では中世史が教えられることになっているが、実際には、アテネの歴史とか、ローマの歴史とか、地理上の発見というような特定のテーマに偏らざるをえず、そのために歴史の発展過程、つまり通史全般を教えることができなくなった、と歴史の教師たちは批判する。また第三学年、第四学年では、それぞれ、一六世紀から第一次大戦までの近代、フランス革命から現在までの近・現代史が指導範囲になっているが、実際には、時間数の削減から時間に制約されるようになって、授業はうわすべりになっている、という批判が強い。

なお後期中等教育課程の長期課程(三年間、主としてバカロレアを受験する生徒が学ぶ)について言えば、リセの歴史教授の手紙によると、「ことしはまだアビ改革は実施されていない」とのこと。この課程では、歴史・地理は選択科目で、週四時間。第一学年は一七八九～一八四八年、第二学年は一八四八～一九一四年、最終学年は一九一四～現在、と近・現代史がかなり詳しく教えられる。

生徒たちの歴史離れ

さて以上のごとく、歴史の授業が消滅して、歴史が学校で教えられていない、というようなことは風評にすぎないことがわかった。しかし、小学校ではフランス通史を教える先生はそんなに多くないようであるから、ジャンヌ・ダルクを知らない生徒がいたとしても、そんなに珍しいことではなかろう。

また中等教育でも、とくに前期課程においては、一般通史の授業時間が少ないこと、また後期課程では、歴史が選択科目で、しかも近・現代史のみが教えられるから、リセの生徒と言えども、古代史、中世史については、かなりの生徒が基礎的知識を欠いているとしても不思議ではない。

そしてそのような知識の欠如が伝統的教育を受けた世代にとってショッキングなことであっても、そのことからただちに今の歴史教育について「歴史教育の崩壊」と叫ぶのは、いささか度を超えたものであった。しかしこのことも、これまでの「歴史追放政策」に危機感を抱き、政府の教育近代化政策に抵抗してきた教師たちが、世論に衝撃を与えるためにあえて用いた表現と理解することもできよう。それは、歴史教育に対する危機意識から生まれた叫びであったと思う。

歴史の授業時間数の削減、入試科目における歴史の削減、これらのことは紛れもない事実であり、多くの歴史教師はこうした政府の一連の歴史軽視政策に危機感を強めてきた。「歴史教育の危機」というとき、それは、一面では、そのような危機感を表したものであった。他方また、その表現には、歴史教師たちが教室で直面する生徒の歴史離れに対して抱く苛立ち、歴史教育への危機感が隠されていることを見落としてはなるまい。

世論が真っ二つに分裂

フランスには歴史書、あるいは歴史の好きな人は多い。エマニュエル・ル・ルワ・ラデュリ著『モンタイユ』は、中世の一つの村の生活を描いたかなり高度で大部の著作であるが、一九七五年秋に出版されて二年半の間に一三万部も売れ、現在一五万部を超えたという。また歴史関係の雑誌は月間六〇万部も出ており、イギリスはわずか三万部というから、フランスではいかに歴史がよく読まれているかわかるであろう。

また今回の歴史教育をめぐる議論でも、知識人に政党まで加わって、こぞって歴史の重要性を合唱したものである。「伝統を忘れてはならない」、「歴史は喜びと苦しみをともにする国民共同体のシンボルである」、「われわれは歴史なしで生きていくことができようか。記憶が個人にとって不可欠であるように、歴史は社会にとって不可欠である」。しかし、一方ではこのように歴史を愛し、歴史を重要視する人も多いのであるが、他方また、歴史、あるいは歴史的教育は不必要と考える人もけっして少なくないのである。

ことし一月に行われた調査（『フィガロ』三月五日付、『ル・モンド』三月六日付）によれば、歴史教育は「非常に重要である」、「かなり重要である」、と答えた者は、あわせてアンケート人口の六〇%を少し超えたにすぎなかった。他方、歴史に「少し興味がある」、「全然興味がない」と答えた者は五〇%。

また、歴史を学校教育の基本教科と考える者は五七%、また二人に一人は、ここ約一〇年間に歴史の授業時間は減少したと認識し、そのうちの六四%は、そのような事態を残念に思っているという結果が出ている。この数字から、歴史教育をめぐって世論は大きく分裂していることを知ることができよう。

しかもこのような分裂は、世論調査だけに表れた現象というものではない。とくに中等教育の現場では、歴史教育を無用のものと考える生徒が増えているのである。歴史教師たちは、政府の「歴史追放政策」に反対し、粘り強い運動によって、一九七七年にはバカロレアの試験科目に歴史を復活させるという成果さえかち得たのであるが、他方、教育の現場では、このような現実を前にしてたじろぎ、苛立ち、その点に歴史教育が直面しているもう一つの困難、危機を認めるのである。

二年前に後期課程のリセの生徒一〇〇〇人を対象にして行われた調査では、歴史を好きな教科として答えた者は、全体の六・五%にすぎなかった。これは文科系だけに限れば、歴史の好きな生徒の割合は一〇%を超えるのであるが、それにしてもこの数字は意外に低い。

彼らの多くは、バカロレアを経て大学に進学し、将来フランス社会の知識層を構成する生徒であることを思う時、教養豊かなフランスの知識層というイメージは崩れざるをえないのではなかろうか。後期課程の普通科（古典コース）でこうであるから、技術教育コースのリセや、大学に進学しない多くの生徒を抱える前期課程のリセでは、一般に歴史科目はさらに人気が悪いようだ。

「過去を勉強して何になるのか」、「歴史の授業のせいで時間がたりない。もっと有用なことをいろいろ勉強したいのに」、というようなことを平然と言う生徒が、決して珍しくないことを新聞は伝えている。私の親しいリセの歴史教師が、軍隊やスーパーマーケットに職を求める生徒が多いのだから、歴史科目が彼らに人気がないのも仕方がないと、寂しそうに話してくれたことを想い起こす。

フランスでは、かつて歴史科目は「市民教育学」であり、国民意識を育む重要な「基礎科目」と考えられていた。今や、とくに新しい世代の人々の間では、このような考えを認める人は少なくなったのであろうか。歴史教育の変化に、フランスの伝統的社会の変容を見てとることができると思う。少なくとも歴史教師たちは、そのような危機意識を抱きながら、そしてそのような状況に耐えながら教壇に立っている。

（毎日新聞社『月刊教育の森』一九八〇年一二月）

あとがき

感謝の思いをこめて

（一）

一九七八年二月、滞在一年間の予定で文部省在外研究員としてフランスに渡った。受け入れ先はパリ大学のモーリス・アギュロン教授にしていただいた。初めてのフランスであった。すでに『フランス産業革命と恐慌』を書き終え、柴田三千雄先生（東京大学文学部教授）の口添えで、帰国後、お茶の水書房から出版される予定になっていた。学生時代からフランスの歴史、文学に親しんできたから、フランスのことはそれなりに分かっているつもりでいた。ところが、日々見聞きする現実のフランスは、未知の世界、驚きの世界であった。

パリの最初の朝、ホテルの窓から薄暗い外を見ると、五、六人の黒人の男性が歩道を清掃していた。ホテルでは部屋の女中さんは二人ともユーゴスラヴィアから来た出稼ぎで、妻に娘の写真を見せてくれた。ホテルのレストランの料理長は陽気なイタリア人であった。

その後、パリの一三区サンジェルマン大通りのアパルトマンの三階で、妻、三歳の娘と三人で暮らすようになった。パリにはパン屋の他に至る所に靴屋とクリーニング店があった。すぐ隣にクリーニング店があって、女主人はモロッコ系であった。大通りの向かい側にあった靴屋の主人はイタリア系で、パリの靴屋の多くはそうだという。毎朝、バケットを買いに行ったパン屋さんも、モロッコ系であった。女主人に、ガソリンスタンドで働いているのかと尋ねられた。近くのガソリンスタンドでは、数人のヴェトナム人が働いていた。

私はフランスに来る前に、移民のことを知らないでいた。ジョルジュ・デュプ著『フランス社会史一七八九—一九六〇年』（井上幸治監修、東京経済新報社）の共訳者の一人であったが、この社会史には移民の記述はなかった。原著は大学叢書としてフランスの大学出版から出版されていたフランス社会史の定番テキストであった。

驚きは移民のことだけではなかった。アパルトマンの所有者は女性で、私と生まれが同年の高等学校の音楽教師であったが、パリ大学の男子学生と一緒に暮らしているようであった（手紙によると、数年前二人は結婚）。彼の話にも驚いた。マドレーヌ大聖堂で結婚式を見たが、彼らはブルジョアであろうか、貴族であろうかと二人で話していた。まだ貴族と呼ばれる人がいるのであろうか。

現実のフランスは私の想像していた社会とは異なるようだ。それが最初の実感であった。

（二）

当初から、フランスでの研究テーマは一九世紀産業革命期の綿工業都市ルーアン（パリからほぼ九〇キロ北にあるセーヌ川沿いの都市）の社会史と定めていたのであるが、結局一八四八年革命期のルーアンのフリーメイソンを研究テーマとすることにした。一九世紀ルーアンには素晴らしい日刊紙があった。フリーメーソンの機関誌も見つかった。それに国立図書館の二階の文書室でルーアンの当時のフリーメーソンの会員名簿に出会うことができた。そして、毎日この文書室に通うようになった。そのうちに一人の気難しそうな初老の男の人と挨拶を交わすようになった。その人は実はフリーメーソン会員で、その人の紹介でフリーメーソンの本部のグランドリアンの図書室にも行った。

私の知る限り、フランスのアカデミズム史学はフリーメーソンを研究してこなかった。大学の歴史学教授にプロテスタントやカトリックの人は少なくなかったが、フリーメーソンの団員はおそらくいなかった。

帰国後、フランスで調査した史料をもとに研究をまとめ、『史学雑誌』（第九一篇、第九号、一九八二年）に論文「工業都市ルアンのフリーメーソンと二月革命」を発表した。そして論文のフランス語の要約をアギュロン教授（パリ大学、後にコレージュ・ド・フランス教授）に送ったところ、すぐに返事が届いて、フランス語の論文を送ってくるように言われた。この論文は一九八六年五月、歴史学雑誌**Annales de Normandia**に掲載された。そしてアギュロン教授及びジャン・ピエール・シャリーヌ教授（ルーアン大学、後にパリ大学）の推挙で、フランスの国立科学研究センターCNRSの研究費を得て、一九八六年にフランスに一〇カ月滞在することができるようになったのは、この論文で歴史研究者として認められたからであろう。

滞在中、何を研究テーマとするか。一九七九年に『フランス産業革命と恐慌』を上梓していて、これまでの研究成果や当時の工業調査から一九世紀産業革命期のフランス労働者が貧困状態にあったことはわかっていた。ただし、貧困を賃金や労働時間、児童労働などによって示すだけでは表面的、隔靴掻痒の感を免れない。生活の貧しさがよく伝わってこない。いったい労働者は結婚していたのであろうか。労働者は若死にではなかったろうか。私の知る限り、そのような研究はなかった。史料はあるのであろうか。

私はルーアン市庁舎の文書室を訪れた。目当ては戸籍簿であった。幸いにもそこには第二次世界大戦下、ドイツ空軍の爆撃を免れて一八世紀末以降の戸籍簿（出生簿、婚姻簿、死亡簿、捨子簿）が保管されていた。私は市庁舎に近いホテル・リュニオンの二階に居を定め、戸籍簿に取り組んだ。

婚姻証書には手書きで、結婚した二人及び親の氏名、さらに住所、職業などが記されている。私は紡績工、織物工、日雇いの男性の結婚を調べることにした。それも一八三〇年、一八四〇年、一八五〇年、一八六〇年、一八七〇年の五年の結婚に限定し書き写した。それでも婚姻数は四〇〇以上に及び、写し終えると、室長のルブルテル夫人はブラボーと言って喜んでくれた。彼女はアルシヴィスト（文書官）だけに、調査結果が貴重な歴史研究史料になることは重々承知されていたことであろう。私は男女約八〇〇人の個人情報を得た。中学校教員（後に、ルーアン大学助教授、教授）しながら、ルーアンの近現代政策史をテーマにして学位論文（国家博士）を準備していたヤニック・マレックさんから、私の調査について誰が教えてくれたのかと尋ねられた。

私は婚姻証書を調べながら、「非嫡出子」と記されている男女がいることに気づいた。出生証明を見ると、非嫡出子が多い。母親は娘＝母と記されている。彼らは捨子ではなかろうか。捨子簿を見る。捨子の多いことに驚く。ただし、帳簿には親がつけた捨子の名前も、親のことも記されてない。捨子は一般に道路に面して病院に置かれた回転式受け入れかごに捨てられるのであるが、捨子証書にはそこで見つかった日付や子供の様子が記されている。「私を悪く思わないで下さい」と、しばしば母親の置き手紙が添えられている。

子供を捨てた親はどういう人であろう。室長のルブルテル夫人は女は男に捨てられたのですと男を責める。シャリーヌ教授（ルーアン大学、後にパリ大学）は女は娼婦ですと不機嫌そうに言う。教授にとって捨子はフランスにとって恥ずべきことであり、明らかにしてほしくない事実であったろう。

捨子の親を知ることはできないであろうか。母親は病院で出産する。一般には親が出生届を市の戸籍係に提出し、出生証書に記載される。証書には出生児の名前、親の名前、住所、職業などが記されている。

捨子の出生を記す文書はないのであろうか。私は県立文書館に保管されている病院文書を調べることにした。そして幸いに、数はそんなに多くはないが、捨子の母親が記入された文書に出会った。助産婦が母親の生活状態から出産した子供を捨子にするように進める場合があったのである。文書には出産の日付だけでなく、子供の名前、母親の名前が記されていた。そして、それを書き写して出産証書と照合した。こちらも数は多くないけれども、捨子の母親の職業を知ることができた。このことをマレックさんに話すと、彼は強い関心を示した。そしてルーアンの捨子と社会政策をテーマに共著で論文を書くよう彼から提案され、私は承諾した。捨子の問題は、彼の学位論文（国家博士）作成に役立った。

八年ぶりのルーアンはアフリカ系の移民が激増していた。地下鉄は構内も車両も改装され、しかも郊外の町と結ばれるようになっていた。時間帯によっては、乗客がアフリカ系移民のおそらく二、三世の賑やかでうるさい生徒によって占められ、一瞬ここはフランスかと思うこともあった。文書室職員のホワイト夫人は市庁舎から遠くに見える郊外の小高い丘に林立する共同住宅を指差して移民用住宅ですと説明してくれた。夫人は、さらに市議会会議場を案内して下さった。堂々とした品格のある会議場であった。シャリーヌ教授（ルーアン大学）は車で上記の移民住宅地を一周して下さった。私は思わずtriste（陰鬱、沈んだの意）とつぶやいた。教授も夫人も新しいルーアンを見せてくださったのであろう。

ルーアンの郊外で農産物の展示会があることを知って、出掛けたこともあった。この地方はリンゴ酒の産地なのであるが、最近多くのリンゴの木が伐採されるようになったという。リンゴ酒は飲まれなくなったのであろうか。

レストランではビールを飲む人が増えたように見えた。また私がルーアンからやって来たと言うと、ルーアンの商人はすべてユダヤ人ですと展示会の若者に言われて驚いた。だがその時私は、ホテルに逗留していた若者のことを思い出した。女中さんは彼はユダヤ人ですといっていた。スーツがよく似合い、一階のレストランで食後にナイフとフォークを上品に使って果物を食べていた。

(三)

今度の滞在中には、言葉にも衝撃を受けた。わたしはこのころ著書『ナポレオン』(世界書院)の執筆を準備していて、コルシカ(ナポレオンの生地)を訪ねた。この島にはコルシカ方言の新聞があり、テレビ放送があった。アジャクシオ(ナポレオンの生まれた町)の浜辺では漁師たちの話は全く理解できなかった。ルーアンのホテルに帰ると、ホテルのレストランのピザ焼き職人の若者は私がコルシカに旅行したことを知って、コルシカに住んでいたことがあること、山の羊飼いの言葉は全く分からなかったと話してくれた。この若者もホテルの主人と同じようにイタリア系であったろう。コルシカ島だけではない。スイスの国境に近いミュルーズ(一九世紀の綿工業都市)では、セルフサービスのレストランでのこと、おばあさん二人の話し声が聞こえてきて、ここではドイツ語が話されているのかと思った。ミュルーズはアルザス地方の都市だから、アルザス方言が話されていることを後で思い出した。

言葉では、ルーアンでの経験を思い出す。夕方行きつけの惣菜屋に行くと、主人がやはり初老の男の顧客と話していて、私には二人が何を話しているのかさっぱり分からなかった。そのことを主人に話すと、そうでしょうと主人は言った。今では二人のやりとりの言葉について尋ねるべきだったと悔やまれる。あれは隠語argotsであったろうか。一九世紀の国民作家ヴィクトル・ユゴーは『みじめな人びと』(邦題『レ・ミゼラーブル』)で下層民の言葉として隠語について論じている。またユゴーと同時代の人気作家ユゼーヌ・シューは『パリの秘められた世界』(邦題『パリの秘密』)で隠語で話すパリの下層民の生態を活写している。一九世紀には、多くの人たちには理解不能な隠語が下層民の間で話されていたようだ。

フランス社会は多様である。マルセイユ(地中海沿岸の大都市)の街で日本人ですかと私に話しかけてきて、露店が立ち並ぶすごい人混みの移民街を案内してくれた若者のことが思い出される。コルシカから出て来ているという。右翼政党国民戦線の党員証を私に見せて、今度日本と戦争をすると、私などすぐに日本人に殺されるであろうと言われて驚いた。私がフランスの社会史を研究していると言うと、本当のことは分からないであろうと、彼は真面目な顔をして言った。私は、しかし表面のことはね、と本音をもらした。

彼は歴史学を批判したのであろうか。今になって国民戦線のこの若者の一言と重ねてアギュロン教授の手紙の一文が妙に気になる。

(四)

アギュロン教授が文化使節として来日されたのは、一九九五年であったろうか。岡山に来ていただき、初日は犬養木堂記念館、吉備津神社を案内し、さらに私の住む団地を見ていただいた。夜は拙宅にお招きし、閑谷学校をスライドで紹介し、妻の料理とワインで食事をした。そして妻の運転で教授をホテルまで送った。翌日は岡山大学と後楽園を案内し、さらに水島まで足を延ばした。日本の自動車工場を見てほしかった。そして岡山大学時代、卓球部主将として活躍した三菱社員の武田秀人君に工場の生産現場を案内してもらった。帰る際、武田君が三菱自動車の模型の置き物を教授に贈ってくれてとても喜ばれた。昼は岡山駅西口の小さな食堂で食べ、人通りの多い駅の地下道を歩き、新幹線のプラットフォームで教授を見送った。

一カ月後の礼状には、生活の深層を最もよく見せてくれたのはあなたでしたと書いてあった。深層とは何か。教授は社会の深層を明らかにすることを歴史学に求めておられたのであろうか。さらに、想像を広げるならば、アカデミズム史学の統計を重視した、あるいは統計の説明に拘泥した社会史の現状に不満を抱いておられたのではなかろうか。

思い出すことがある。シャリーヌ教授にルーアンの自宅に招待していただいた際、私はフランス近世の家族や死を主題にしたフィリップ・アリエスの歴史がとてもおもしろく思っていると言うと、教授はアリエスは素人ですと即座に言い返された。たしかにアリエスは「日曜歴史家」と自称しているように、アカデミズム史学の人ではない。アカデミズム史学の社会史のように統計を重視してはいない。後日、アギュロン教授にソルボンヌ（パリ大学）の近くのレストランに招かれた時、シャリーヌ教授の言われたことを言うと、あなたはどう思うかと尋ねられた。アリエスは、専門家professionelですと私は素直に答えた。教授は何も言われなかったが、表情は穏やかに見えた。

ただしアリエスの評価は微妙である。わが国でも『子供の誕生』（成瀬駒男訳、みすず書房）、『死と歴史』（成瀬駒男訳、みすず書房）などの訳書があり、心性史として読まれている。だが後に知ったことであるが、『歴史学事典』（フラン大学出版、一九八六年）によると、アリエスは王政主義者である。フランスの大学の歴史学教授はすべて共和主義者といって誤りはなかろう。アギュロン教授のソルボンヌ（パリ大学）の研究室には画家ドラクロワの絵画「民衆をみちびく自由の女神」（一八三〇年七月革命を主題とした絵画。ルーブル美術館所蔵。わが国のすべての高校世界史の教科書に載っている）のポスターが張ってあった。教授はまた訳書として『フランス共和国の肖像—闘うマリアンヌ　一七八九—一八八〇年』（阿河雄二郎他訳、ミネルヴァ書房）がある。私は週刊誌『エコノミスト』（毎日新聞社）にその書評を書き、そのコピーとフランス語の要約を教授に送り喜ばれた。教授は王政主義者や国民戦線の動きを意識して執筆されたのであろうか。

王政主義者は多いのであろうか。ルーアンの繁華街で、王党派の機関誌を若者が売っているのを見たことがある。サン・ドニ（パリ北方の町）の王墓がある聖堂では、ジュゼフィーヌ（ルイ一六世の王妃、フランス革命で処刑）の石棺に百合（王家の家紋）の花束がいくつも置かれていた。

大学教授に限らない。エリート養成を目指すグランド・ゼコールから輩出される高級官僚もまた共和主義者であろう。二〇〇〇年三月、ルーアン大学で開かれた国際歴史学会の際、セーヌ・マリティーム県知事は県庁の大広間で「共和国宴会」を開き、五〇人を超す学会出席者を招待してくれた。知事の堂々とした姿を見て、隣席のマレックさんに「知事はＥＮＡ（国立行政学院、グランド・ゼコールの一つ。フランスの知事は、大臣任命による官僚）出身ですか」と尋ねると、彼はもちろんと答えた。大学出身のマレックさんは、グランド・ゼコール出身者に一目置いているようだ。アギュロン教授は高等師範学校出身である。そしてこうしたグランド・ゼコール出身エリートの代表が、フランス共和国現大統領のエマニュエル・マクロンである。両親は医師、アミアン（北部の都市、大聖堂がある）のブルジョア家庭で育ち、偉大な著作家を熱愛する祖母から教えを受け、パリの伝統校リセ、アンリ四世校に進み、その後の学歴だけでなく、すごい職歴が加わって完璧な若者と呼ばれる（アンヌ・フルダ『エマニュエル・マクロン』、加藤かおり訳、プレジデント社）。

マクロンは、政党「共和国前進」République en marcheを立ち上げたことに示されるように生粋の共和主義者である。そして、この党名から一九世紀の国民作家ヴィクトル・ユゴーを想起する人もいるであろう。ユゴーは皇帝ナポレオン三世の専制を糾弾し、ヨーロッパの盟主としてフランス前進　France en marche と国民に呼びかけた（『レ・ミゼラブル』）。ユゴーは熱烈な共和主義者であった。

マクロン大統領は、伝統的共和主義者としてドイツのメルケル首相と共にヨーロッパ連合を嚮導しているように見える。そしてフランスのエリートはマクロン支持勢力の土台骨を成しているように見える。

（五）

二〇〇二年夏、史料調査のためにルーアンに行った。ホテル・ユニオンはホテル業を廃業していて、私が宿泊していた二階にはアフリカ系の子だくさんの家族が住んでいた。一階のレストランは若者向けの遊技室に変わっていた。何よりも変わったことは、フランスの通貨フランに代わって、ヨーロッパ単一通貨ユーロが使われていたことであった。それはヨーロッパ連合の成功を物語っているように思えた。国家博士の学位を取得し、教授（ルーアン大学）に昇進したヤニック・マレックさんは、「私たちはヨーロッパ人です」と晴れやかに言った。

そしてこれまた驚いたことに、これまでフランス歴史学の巨匠と崇められ、わが国でも多くの訳書のあるフェルディナン・ブローデルを冷ややかに批判した。ブローデルは一九八六年にL'idendité de la France（訳書『フランスのアイデンティティ』桐村泰次訳、論叢社）を著したことにより、右翼政党国民戦線に連なるナショナリスト、反ヨーロッパ連合と見なされるようになったのであろうか。

移民を非難する国民戦線の勢力拡張とともに、フランスのアイデンティティを主張する言説が復活するようになったことを後で知った。歴史家ジェラール・ノワリエルは、今や移民史の古典とも言われる著書『フランスという坩堝《るつぼ》』（大中一彌、川崎亜紀子、太田悠介訳、法政大学出版局。原著の初版は一九八六年刊）で、「フェルディナン・ブローデルへの疑問」という節を設けてフランスの移民問題をなおざりにしている歴史家ブローデルを批判している。

ルーアンの街中には「われわれは変わる」On bouge というポスターが至る所に見られた。フランスの多くの人びとは、変化を求めていたのであろうか。

著者略歴

本池　立（もといけ　りつ）

1937年鳥取県生まれ。東京大学文学部西洋史学科卒業。東京大学大学院人文科学研究科博士課程中途退学。岡山大学名誉教授。博士（学術）。元別府大学教授。叙勲瑞宝中綬章。

著書『フランス産業革命と恐慌』（御茶の水書房）、『ナポレオン』（世界書院）

フランスの人びと

2018年9月10日　初版第1刷発行

著　者——本池　立

発行所——吉備人出版

〒700−0823

岡山市北区丸の内2丁目11−22

電話086−235−3456

ファクス086−234−3210

振替01250−9−14467

メール books@kibito.co.jp

ホームページ http://www.kibito.co.jp/

印刷所——株式会社三門印刷所

製本所——株式会社岡山みどり製本

ISBN978-4-86069-560-6　C0095